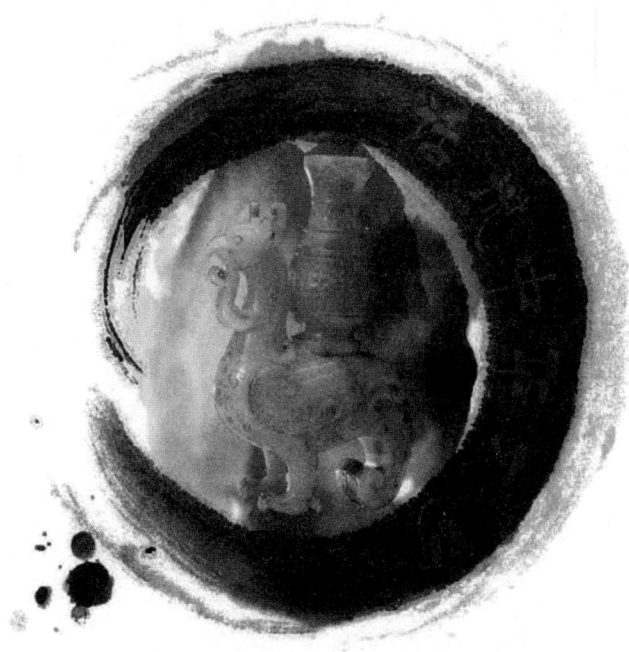

：李学勤

罗哲文　俞伟超　曾宪通　彭卿云

万国来朝时期

李　默／主编

中华文明是人类历史上最伟大的文明之一，是人类文明发展的主要构成。中华文明丰富、深刻、辉煌、博大，在人类文明中的骨干作用和领导作用人所共知。在人类文明的发源时期，中华文明就是四大古文明之一，是地球上文化的策源地之一。

广东旅游出版社
GUANGDONG TRAVEL & TOURISM PRESS
悦读书·悦旅行·悦享人生

中国·广州

图书在版编目（CIP）数据

万国来朝时期 / 李默主编 . — 广州：广东旅游出
版社 , 2013.1（2024.8 重印）
　ISBN 978-7-80766-460-4

　Ⅰ . ①万… Ⅱ . ①李… Ⅲ . ①中国历史—明代—通俗
读物 Ⅳ . ① K248.09

中国版本图书馆 CIP 数据核字 (2012) 第 296852 号

出 版 人：刘志松
总 策 划：李　默
责任编辑：张晶晶　黎　娜
装帧设计：盛世书香工作室　腾飞文化
责任校对：李瑞苑
责任技编：冼志良

万国来朝时期
WAN GUO LAI CHAO SHI QI

广东旅游出版社出版发行
（广东省广州市荔湾区沙面北街 71 号首、二层）
邮编：510130
电话：020-87347732（总编室）　020-87348887（销售热线）
投稿邮箱：2026542779@qq.com
印刷：三河市嵩川印刷有限公司
　　　（河北省廊坊市三河市杨庄镇肖庄子村）
开本：650×920mm　16 开
字数：105 千字
印张：10
版次：2013 年 1 月第 1 版
印次：2024 年 8 月第 3 次印刷
定价：45.80 元

出版者识

　　《话说中华文明》是一部全景式图文并茂记录中国文明历史的大书。出版者穷数年之力，会集各方力量——专家、学者、编辑、学术顾问们，在浩如烟海的历史档案、资料、著作中，探珍问宝，追寻中华文明在悠悠历史长河中的灿烂之光。此书的出版，凝聚了编撰者的心血，学术顾问们的智慧。尤其是李学勤先生，亲自动笔写下了序言，更增加了本书沉甸甸的分量。

　　中华文明的历史充满了辉煌与苦难，成就和挫折。它的历史无处不在，决定着我们中国人今天的思想和感情。当今的中国和中国人是中华文明的历史造就的，是中华文明的历史的延伸，也是它的一个组成部分，中华文明的历史之河奔流到现在。

　　中华文明是人类历史上最伟大的文明之一，是人类文明发展的主要构成。中华文明丰富、深刻、辉煌、博大，在人类文明中的骨干作用和领导作用人所共知。在人类文明的发源时期，中国就是四大古国之一，是地球上文化的策源地之一。在人类文明的早期，中华文明成为文明在东方的支柱，公元前后200年间，人类的汉帝国与罗马帝国这两只铁手攫住了地球。在欧洲进入中世纪的时候，中华文明更成为人类文明最主要的领导，它的文明统治东亚，传遍世界。进入近代，中华文明处于自身的重压和西方的欺凌下，但中国人民的斗争史和奋起精神是人类文明历史中不可缺少的一页。

　　五千年的中华文明为人类贡献出了从思想家孔子到科学技术的四大发明、从唐诗宋词到长城运河的伟大创造，贡献出了从诸子百家到宋明理学，从商周铜器到明清文学的深刻内涵，也贡献出了从五霸七强到三国纷争、从文景之治到十大武功的辉煌历史。中华文明的历史绚烂多彩，在人类文明的历史长河中永放光芒。

　　中华文明也是人类历史上最独特的文明，没有哪一个文明像中华文明这样持久，这样统一一致。世界上其他文明不但互相交错，其创造者也都与高加索体质的人种有关，它们是姐妹文明。在人类历史中，只有中华文明才是独特的，它的创造者是中国土地上的中国人民，与其他任何地方的人民都没有关系，它的文化是统一一致的文化，可以不依赖于其他任何文明而生存，但中华文明也绝不是封闭的，它接受他人的文化，也承担自己对于人类的责任。

　　人类进入新世纪，中国的社会经济发展令世人瞩目。人们对于世界未来的政治和经济结构的估计无不以东亚和太平洋为中心，而尤以中国为重点。

　　经济起飞只是当代中国的一个方面，中国的精神文明的建设尤为刻不容缓。如果中国要自觉地发展中华文明，要有意识地使中国的发展具有世界意义，就必须发展强有力的精神文化，这样才能使中华文明的发展进入一个新的阶段，才能形成中国和中华文明的全面现代化。

而中国的精神文化的发展植根于中华文明的伟大传统之中。进入近代之后，在西方文化的冲击下，对于中国文化的价值产生大量的情绪化和激烈冲突的论调。"五四"运动打倒孔家店的口号具有冲破封建束缚的时代意义，对中国文化的发展有不容否认的正面意义，与文化虚无主义是完全不同的。文化虚无主义者否定中国传统文化，在现代化的旗帜下主张全盘西化；而复古主义则沉迷于中国文化的古董，走进反进步、反科学的泥潭。

历史的发展则超越了所有这些论点，产生这些论调的一百多年来的中国近代史已经结束。历史要求中国发展，要求中国走在全世界发展的前列。西化论和复古论都已过时，历史已经要求世界超越西方，中国可以承担起世界的命运，而中国的现实和世界的历史都说明，中国的使命在于它的发展前进，而非倒退。

中华文明走出迷惘的时代，我们这一代处在一个伟大而具有挑战的历史阶段。

总结历史、展望未来，这就是《话说中华文明》的意义和使命。我们创作《话说中华文明》，力求总结和回顾中华文明的全貌，在内容和形式上都开创一个新的局面。在内容结构上，既具有一定的深度，又具有相当的广博性，既有严谨、准确的学术价值，又有活泼、流畅的可读性。我们在本丛书内容纳了中华文明的各个方面，使它综合了大规模学术著作的系统性、严密性和普及读物的全面性、简易性，它既可作为大型工具书检索中华文明的各个成分，又可作为通俗的读物进行浏览。

我们从上世纪 90 年代初起就开始思考中华文明的历史和现实问题，并逐渐形成了编著《话说中华文明》的设想。在开展这项庞大的文化工程之始，我们就聘请了国内权威学者李学勤、罗哲文、俞伟超、曾宪通、彭卿云诸先生担任学术顾问，他们对计划作了充分讨论，并审阅了大量初稿。我们聘请了广州、香港地区的社会科学学者、大学教师、研究生以及我社编辑人员几十人担任稿件的撰写工作。

通过创作这部书，我们深深地感受到了中华文明的博大精深，也感受到了它的内在缺陷。中华文明具有辉煌的时期，也有苦难的年代，有它灿烂的成就，也有其不足的方面。中华文明在自身中能够吸取充分的经验和教训，就能够使自身健康壮大，成长发展。

通过创作这部书，我们也深深感受到了出版事业的使命和重任。我们希望这部书能受到广大读者的喜爱，起到它所应当起的作用。为中华文明的反省、前进和奋起作一点贡献。

目 录

万国来朝时期

万国来朝时期

明
朝

1411 ~ 1420A.D.

明朝

1411A.D. 明永乐九年

发山东、徐州、应天、镇江民三十万浚会通河，以通南漕，二百日成，于是渐罢海运。五月，倭掠浙江盘石卫。六月，郑和自西洋回，俘锡兰王亚烈苦奈儿以献，后放之还。

1412A.D. 明永乐十年 七月，禁宦官干预有司政事。

十一月，复命郑和使西洋。十二月，以营北京宫殿，命官入蜀采木。

寻访张三丰不得，大修武当宫观。

1413A.D. 明永乐十一年 四月，成祖至北京，皇太子于南京监国。

1414A.D. 明永乐十二年 三月，成祖亲督马步五十余万攻瓦剌。

六月，成祖大败瓦剌于忽兰忽失温，追至图拉河，班师。命胡广等修五经、四书、性理大全。

1415A.D. 明永乐十三年

七月，郑和自西洋还，俘苏门答剌王弟以献。

1417A.D. 明永乐十五年

四月，颁《五经》、《四书》、《性理大全》于两京六部、国子监及各府州县学。

1419A.D. 明永乐十七年

七月，郑和使西洋还，凡历十九国，皆先后遣使来献。

黄教创始人宗喀巴死。

1420A.D. 明永乐十八年

二月，山东蒲台县民林三妻唐赛儿自称佛母，据益都卸石棚寨起事，旋败。

七月，以唐赛儿败走，不知所之，虑其潜踪尼庵道院，诏尽逮山东、北京尼及各地出家妇女，先后凡几万人。八月，置东厂于北京东安门北。

九月，定自明年正月起，改京师为南京；北京为京师，去行在之称。

1415A.D.

约翰·胡斯赴君士坦斯出席宗教会议，企图为自己之主张辩护，但卒被判处焚死（七月六日）。胡斯死后全国人民皆极愤怒。

1417A.D. 基督教世界之"大分裂时期"告终。

1420A.D.

波希米亚胡斯党起义。全国一致团结于约翰·齐斯卡之领导下，共同抵抗教皇马丁五世所召集之"十字军"。

最大最完整的帝王宫殿故宫完成

　　永乐五年（1407）至十八年（1420）建成故宫，历时 14 年。

　　明故宫是在元大都宫殿基础上，依照明南京宫殿的格局规划建造的，当时集中了全国的优秀匠师，动用了 30 多万士兵和民工。

　　明故宫南北长 960 米，东西宽 750 米，周长 3420 米，周围筑有高 10 余米的城墙，墙外环以宽 52 米的护城河。故宫有 4 门，正南名午门，正北名玄武门（清改名神武门），东名东华门，西名西华门。城墙四角矗立结构精巧、形制华丽的角楼各 1 座。故宫占地 72 万平方米，房屋 9000 余间，建筑面积 15 万平方米，多层砖木结构。整个建筑群按中轴线对称布局，层次分明，主体突出。全部建筑可分外朝、内廷两大部分。外朝以奉天（后改称持极殿，清代改称太和殿）、华盖（后改称中极殿，清改称中和殿）、谨身（后改称建极殿，清

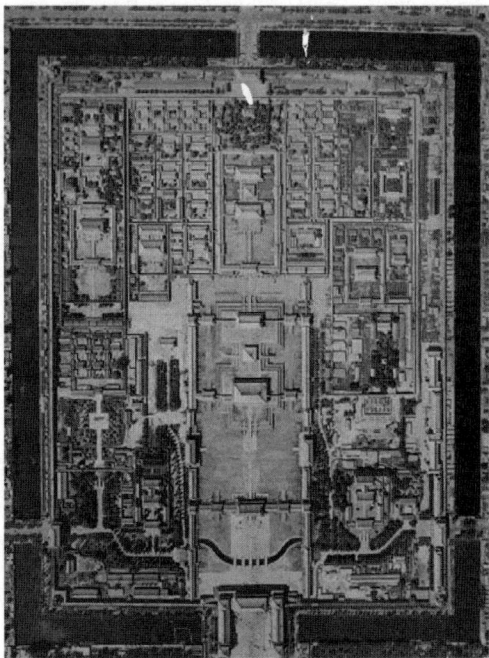

故宫平面图

改称保和殿）三大殿为中心，文华、武英殿为两翼，是皇帝举行各种典礼和从事政治活动的场所。内廷以乾清宫、交泰殿、坤宁宫为主体，以及养心殿、宫后园、外东路、外西路等，是皇帝处理日常政务和居住之处。

　　午门，紫禁城正门，上有崇楼 5 座，以游廊相连，两翼前伸，形如雁翅，

俗称五凤楼。楼内设有宝座，东西两侧设有钟鼓，每逢朝会或庆典，均在此鸣钟击鼓；战争凯旋，皇帝亲临午门，举行盛大的受俘礼仪。午门以外是一条石板御路，称天街，可通承天门（清改称天安门）和端门。御路两侧廊庑整齐划一。进入午门，庭院宽阔，在弓形的内金水河上，横跨5座雕栏白石桥，庭院正北即皇极门（太和门），为明代皇帝御门听政处。由午门至皇极门，形成外朝建筑的前奏。

三大殿，即奉天殿、华盖殿、谨身殿。位于皇极门内。奉天殿，是中国封建社会最高等级的建筑。建于高8米的3层白石台基上，面宽63.96米，进深37.17米，高27米，殿内面积2377平方米，上盖重檐庑殿顶。蟠龙衔珠藻井高悬正中，6根缠龙贴金柱分别左右，皇帝宝座置于中央一座雕镂精美的高台上，座后有九龙屏风相护。奉天殿是皇权的象征，御路、栏杆和殿内彩画图案，均以龙凤为题材。皇帝的即位、大婚、册立皇后、命将出征，以及每年元旦、冬至、万寿三大节等重大典礼，均在此殿举行，皇帝在这里接受文武官员的朝贺。华盖殿是皇帝举行典礼前小憩之所，平面呈正方形，四角攒尖顶，上盖黄琉璃瓦，正中鎏金宝顶。谨身殿是皇帝赐宴和科举殿试之所。每年除夕和元宵节，皇帝在此大宴王公大臣。平面呈方形，四角攒尖顶，上盖黄琉璃筒瓦。三大殿前还陈设有香炉、日晷、嘉量、铜龟、祥鹤等，借以衬托皇权的尊贵和至高无上。

后三宫，即乾清宫、交泰殿、坤宁宫。乾清宫，在谨身殿后，是内廷的最前殿，即内廷正殿。正门曰乾清门，两侧有八字形琉璃影壁，和外朝高大的宫殿相比，内廷宫殿显得精巧别致。为皇帝居住和处理日常政务之所。每逢元旦、元宵节、端午、中秋、重阳、冬至、除夕和万寿等节日，皇帝均在此举行内朝礼和赐宴。交泰殿，在乾清宫和坤宁宫之间。平面呈方形，黄琉璃瓦四角攒尖顶。

东西六宫和东西五所，属于从属地位，陪衬在内廷两侧，其布局和空间形象没有中轴线上的宫殿那么起伏跌宕，而以相同的空间和处理手法重复建造构成大片的整体效果。每宫平面略成方形，前后两殿大多为五开间单檐歇山顶建筑，与两侧配殿将宫分成两个院落，犹如扩大的四合院住宅，前后三宫重复，左右两宫并列。东西五所位在东西六宫之后，也类似六宫布局，只是规模略小而已。

宫后苑（清改称御花园），在坤宁宫北，为中轴线最末端。占地11700

平方米，有建筑 20 余处。正中的钦安殿，为祭祀玄天上帝之所。以钦安殿为中心，园林建筑采用主次相辅、左右对称的格局，以布局紧凑、古典富丽取胜。殿东北的堆秀山，为太湖石叠砌而成，上筑御景亭，每年重阳节帝后在此登高。园内古树交柯，花木锦簇，园路用五彩石子拼成各种图案，清幽宁静。

为了满足帝后们奢侈生活的需要，还建有看戏的戏楼，供神拜佛的佛殿等各类建筑，穿插于内廷宫殿之间。

故宫宫殿建筑附会古制，师承必有来历的设计思想最为突出。例如宫殿在都城中的位置，附会匠人营国的规定；宫门之上建城楼，城隅有角楼，大体上附会古代传说的三城门隅制度；宫城内重要的建筑也多是依据古代礼仪传说而设置的。这不仅是形式上的模仿，而且同使用功能相结合，给以美的艺术加工，三者紧密而又有机地结合在一起。古制外朝有天子五门三朝，还有天子九门之说。宫殿深邃门自然也多。明故宫宫殿的中轴线上，共有 8 个广庭，5 座南向的宫门。这 5 门不完全与古代传说的皋、库、雉、应、陆一一对应。只是其中的午门和乾清门与传说中雉门、陆门的形制和地位有些相似。明故

故宫鸟瞰

宫内的金水河，是按照"帝王阙内置金水河，表天河银汉之义也，自周有之"的古代传说而设置的。河水从金方（西方）来，至巽方（东南方）出，流经半个紫禁城。这条按古制设置而且规定流向的河，具有多方面的功能，它不仅是宫城内最大的水源，救火及建筑工程施工都用金水河的水；而且又是宫城内最大的排水渠，全部南北及东西方向的下水道口都设在河帮上；同时它又给宫城景观增添了风采。金水河要流过外朝3座宫殿，重点是在横穿皇极门广庭部分。为显示河的特点，不用直线而采用曲线，为与规整的环境谐调，不用自然变化的曲线，而用几条对称的弧线。河正中设5座桥，桥的前端随河的弯曲不在一条直线上。中间的桥为皇帝通行专用，突出在前，两侧为文武官员设置的，依次退后。皇帝通行桥的石栏杆望柱头雕龙云纹，官员通行桥的栏杆望柱头雕24气。河中部宽，两端渐窄，由于两端要穿过东西朝房的地下，这样利于施工，也显得有变化。武英殿门前金水河处理形式与皇极门前不同，因为武英殿等级低于奉天殿，故仅建3座桥。金水河流近文华殿时，转向北流经文华殿西侧，从文渊阁前地下穿过，然后在东三座门前再现。它一路有直有曲，往复返环，有时地上，有时地下，河面上架设多座桥梁，具有丰富的艺术效果。

明故宫设计的指导思想，就是要突出表现帝王至高无上的绝对权威，达到巩固王权统治的目的。从宫殿建筑的总体布局到个体建筑设计，以各种手

紫禁城后三宫全景

段创造出的艺术形象,都是为了体现这个指导思想。为了表示威严壮观的气势,其主要建筑都严格地布置在中轴线上,而整座宫殿又是以三大殿为中心来组织各种建筑,因此三大殿占据了宫殿的最主要的空间,庭院占地也最为广阔,并在其前部布置一系列大小形状不同的庭院和门阙作为前导,步步深化,有力地渲染出奉天殿的主导地位。在建筑的具体处理上,依据诸宫殿建筑的不同功能和地位,采取不同的规模、屋顶形式,以及不同的装饰手法来表现建筑的等级差别,使建筑打上明显的等级烙印。

明故宫宫殿建筑在总体布局上,是继承了历代积累下来的经验进一步发展形成的。从中岳庙碑、后土祠碑以及山西岩山寺壁画中所表现的金代宫殿和《辍耕录》中记述的元代宫殿看出,它们之间的承袭关系,在布局上有许多相似之处。如奉天殿周围采用廊庑环绕,大殿两侧原有斜廊相连,与上述几处宫殿形制相同。这种利用低矮的廊庑映衬高大的主体建筑,形成主次分明关系,是中国古代建筑常用的手法。至于明故宫在空间组织上,自大明门起至坤宁宫止在中轴线上布置了8个庭院。各个庭院的艺术处理也不同,形成了纵横交错、高低起伏、有前序有主体的空间序列,导引人们走向高潮。大明门与承天门之间以千步廊围成纵深庭院,至承天门前向两侧延伸为横向广场。通过空间的变化及门前的石桥、华表和石狮等突出承天门的威严庄重的艺术形象,承天门至午门间以端门前的横向庭院与午门前的纵深空间形成对比,衬托出宫城的主导地位。皇权门前的庭院犹如前三殿的前奏曲,至乾清门前横向庭院使人们处在空间变化的不断转换之中,并表明自外朝进到内廷的另一性质的空间。前三殿与后三宫两组建筑群所在庭院的长宽恰好是2比1,建筑规模也有体量的差别,这种处理既加强了二者之间的统一,又显示了外朝与内廷的主从地位。在空间环境上形成了完整的艺术体系。

从形成明故宫建筑群的统一完美艺术形象看,建筑装修、装饰及建筑小品的位置都起到了很大的作用。为了表现主体建筑雄伟壮观,门殿建筑都坐落在台基上,台基的前后正中台阶随坡置显示帝后尊严的御路石雕。由于等级的差别,这些台基的用料和做法也不相同,一般宫殿的台基仅用砖砌,上铺阶条石,多不设栏杆,中轴线上的皇极门、乾清门等建筑以汉白玉石须弥座台基相承,上部围以栏杆,望柱雕有龙凤纹。而三大殿的台基做法最为特殊,由三层须弥座重叠组成,每层栏杆望柱雕有云龙,下面伸出螭首,全部用白色汉白玉石雕成，天晴日朗，光影效果突出，产生强烈的艺术感染力。檐下彩画亦有严格的等级，主体宫殿均用和玺彩画，枋心绘有龙凤图案，大量施用贴金，使殿堂富丽堂皇。次要门殿及庑房多绘以不同等级的旋子彩画，而花园中的亭廊楼阁则用苏式彩画，大片的青绿色调把檐下的斗拱、额枋、桁椽联成一体，更显得黄琉璃出檐深远飘逸。主要宫殿门窗格心多用菱花图案，裙板、槛框大量使用鎏金团龙和翻草岔角。而一般宫殿多用风门及支摘窗，窗格纹样，制作精丽，多彩多姿。宫殿内部除运用绚丽的彩画装饰外，还大量装饰雕镂精巧的内檐装修来分隔室内空间，一些主要殿堂内天花中部多作藻井，采用浑金雕龙图案，尤以奉天殿内金漆蟠龙吊珠藻井最为华丽。殿内在7层台阶的高台上中央安放宝座，背后围以雕龙金屏风，左右置香几、香炉等陈设，宝座周围6根巨柱均饰沥粉贴金缠龙，组成一个特有的神圣庄严的空间环境。内廷各宫室，随生活起居要求，室内用隔扇门、炕罩、板壁等隔成较封闭的空间，或用各种花罩、落地罩等隔成彼此通透的空间，隔而不断，互相因借。并注重借助题名匾联、多姿的陈设来增强建筑的华贵气氛和幽雅的室内环境。

明故宫是我国现存最大、最完整的帝王宫阙，也是世界上最著名的古代建筑群。其建筑与都城规划紧密结合，在总体布局和空间组织方面，统一中求变化，体现了中国明代建筑艺术的辉煌成就。明故宫在清代得到扩建重修。

官员服装实行"补子"

对官员服装实行"补子"制始于明初而终于清末。

在中国古代封建社会，官员的服装基本上有一定的规制以表示身份、职位等。于是，上层社会的官服作为权力的一种象征历来受到统

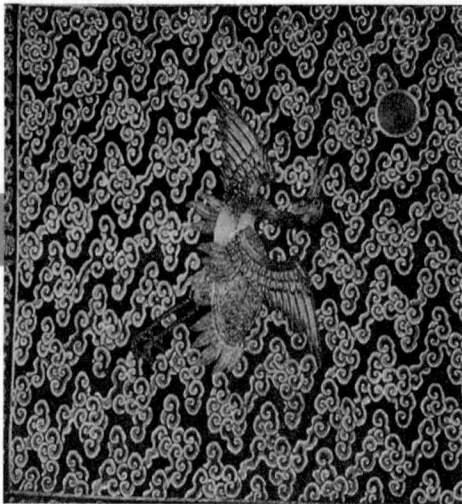

文官的补子

白泽褙	公侯伯驸马服色
麒麟褙	
虎褙	武官三品
熊褙	武官五品
彪褙	武官六、七品
海马褙	武官八品

武官补子纹样

锦鸡褙	仙鹤褙 文官一品服色
孔雀褙 文官三、四品	鹭鸶褙 文官六、七品
鹌鹑褙 文官八、九品杂职	獬豸褙 文官六七品
练雀褙 文官八、九品杂职	鲤豸褙 文官风宪衙门

文官补子纹样

治阶级的重视。明代对官员的服装进行改进，样式近似唐代圆领服而尺寸宽大，盘领右衽，两侧多出一块，称"摆"，衣料多用丝、纱、罗、绡，但颜色花纹有区别。其中最具特色的是对官员服装实行"补子"制度以表示品级，而有"补子"的服装便被称为"补服"。

"补子"是一块40-50厘米见方的绸料，织绣上不同纹样，再缝缀到官服上，胸背各一，其源于元代的胸背。"补子"图案一般文官用禽鸟纹，武官用走兽纹，各分九等，容易识别。在明代对"补子"品级图案的规定有一定的限制，但不太严格，一些舞、乐、工、史等杂职人员也可用杂邻、杂花"补子"，官眷、内臣还可用"应景补子"，如正月十五的"灯景补子"、五月的"五毒艾虎补子"等。明代官员服装一至九品的"补子"纹样，文官分别为仙鹤、

009

锦鸡、孔雀、云雁、白鹇、鹭鸶、黄鹂、鹌鹑等；武官分别为狮子、虎、豹、熊黑、彪、犀牛、海马等。明朝实行官员服装"补服"制，从而使官员之间等级明显，有利于统治阶级的正常管理。

社稷坛开建

社稷是古代帝王、诸侯所祭祀的五土之神和五谷之神，社稷祭祀是一种原始性祭礼活动，在

武将戴的补子

我国很早就出现，社稷制度则成为历代统治者维护统治的一种工具。

明成祖朱棣沿用南京社稷合为一坛的制度，按"左祖右社"的原则，于永乐十八年（1420）建北京社稷坛，布置在宫城前的西侧，与东侧的太庙对称。其规模比太庙还大，占地23万平方米。外庭遍种古柏，主体建筑在垣墙之内，垣墙的长宽正好与太庙的第三道围墙相同，可见修建社稷和太庙有着统一的规划。祭祀社稷由北朝南设祭，总体形制与太庙正相反，戟门设于北部，由北向南顺次展开拜殿、享殿、社稷坛，神厨神库等附属建于垣墙外。社稷坛位于垣墙所围区域的几何中心，为方形由3层汉白玉大理石砌成，上层每面宽16米，

五色土方坛

社稷坛

高约 1 米。坛面按五行方位覆五色土，即按东、南、西、北、中五方位覆青、红、白、黑、黄五色土。寓意"普天之下莫非王土"。坛四周围以围墙，每面墙正中建白石棂星门，墙内壁及墙顶均按四方土色镶砌不同颜色的琉璃砖。坛中央原立有方形石柱，名"社主石"，亦称"江山石"，象征江山永恒。北棂星门外沿中轴线设享殿、拜殿。享殿是北京宫殿坛庙中最早的建筑，整座建筑比例恰当，造型庄重。殿内不用天花，构架露明，结构简洁严谨。

明代，除在京城北京建社稷坛外，分封的藩王和各州县亦建社稷坛，藩王在其王城所建社稷坛，规模比京城的小一半，并按其与京都的方位定一色复土，只祭祀所在王国的地方社稷神。各州县之社稷坛仅高 3 尺，方 2 尺 5 寸，仅是一个长不到 1 米的方形土台而已。

太庙开建

　　太庙是帝王的祖庙，是皇帝祭祀祖先的地方，也是都城规划建设中不可或缺的组成部分，并沿袭唐制。

　　明永乐十八年（1420），成祖朱棣参照南京太庙而建北京太庙，按九五之尊的数值定为一庙九室，占地共约16.5万平方米，为南北向规整的长方形。主要建筑物沿中轴线自南而北纵深布置戟门、正殿、寝殿、桃庙，严谨对称，层层深入。

　　太庙围墙共有3重，层层环绕，红色墙身，黄琉璃瓦墙顶。自西门进入第一重庭院，其南部最阔，遍植成行列的苍劲古柏，翠阴蔽日，造成肃穆幽深的环境气氛。庭院南部有宰牲亭、治牲房

太庙正殿

等辅助建筑。第二道围墙东西宽205.1米，南北长269.5米，与社稷坛垣墙相同。南墙中部有一组琉璃门，正中3道券门，仿琉璃牌楼形制，突出墙外，下有汉白玉大理石须弥座，上覆黄琉璃瓦檐和装饰，比例合宜、色彩明快、造型优美。自琉璃墙门进入为第二重庭院。环绕着主体建筑，金水河从庭院

太庙大殿

南部穿过，河上架 7 座石桥，河北岸两边各建一井亭，与神库神厨组合为一体。第三道围墙东西宽 113.2 米，南北长 204.5 米，恰为九五之比值，且第二道围墙宽度比亦是九五之数。南部正中设戟门，门外列 120 杆戟为仪仗，门为单檐庑殿顶，5 开间启 3 门，梁架简洁明确，屋顶举折平缓，出檐较大。进入戟门正面为壮丽的正殿，为太庙主建筑，即皇帝祭祖行礼之处，共有 9 间，重檐庑殿顶。属于最高级的建筑形式。每年末大祭时，将寝殿供奉的木主，移至正殿的龙椅上，行"祫祭"。正殿内柱、枋均包嵌沉香木，内壁以沉香木粉涂饰。大殿建于 3 层汉白玉石台基上，石栏环绕，非常壮丽雄伟，正殿两侧东西庑房各 15 间，通脊联檐。正殿之后为寝殿，单檐庑殿顶，面阔 9 间，内分 9 室，供奉皇帝祖先木主。后即祧庙，以一道红墙与寝殿隔开，供奉皇帝远祖。

　　太庙建筑突出皇权至尊至贵的地位，如主体庭院运用九五比值，大殿采用最高级建筑形式；艺术构思完整，如 3 座大殿通过规模、高低的对比群体组合，我国古代建筑在组群艺术处理上的优秀传统得以充分体现。主从分明，井然有序。

扩建孔庙

孔子是春秋末年思想家、政治家、教育家，儒家思想的创始者。由于孔子和儒家学说为历代统治者所推崇，孔子被誉为"集古圣先贤之大成"的"至圣文宣王"，因此，在全国各地修建的名人祠庙中，孔庙的地位最特殊，修建得也最宏阔壮丽。自汉代"罢黜百家，独尊儒术"起，孔庙被列为国家修筑的祭祀建筑；特别是自唐宋以后，尤其在明代，各名都大邑，及府县都普遍建孔庙，又称文庙，并常与府学合建在一起，形成左庙右学之制，

太和元气坊

成为府州县城市规划建设不可或缺的组成部分。

位于山东省曲阜市旧城中心的孔庙，占地约10公顷（1公顷＝1万平方米），呈窄长的地形，前后总共有8进院落，由前导和主体两部分构成。前导部分纵深空间由横间分隔成大小、开合不同的3个庭院，层层门坊沿中轴线布列，周围栽种苍翠古柏，营造出祭祀建筑特有的宁静幽深，崇敬肃穆的空间环境，并以颂扬孔子圣德勋绩的内容命名，各门坊文字与建筑相配合，强化了人们景仰追思先哲的心境，体现了我国古代祭祀建筑特有的处理方法，进而烘托出祠庙建筑的纪念性、教化性。如庙门称棂星门，而棂星则是古代传说中的

天上文曲星，暗喻进入此门者即能成为国家栋梁之才。第二道门称圣时门，因孟子有言"圣之时者也"称颂孔子而取其意的。其余如太和元气、道冠古今、德侔天地、仰高、弘道等无不充满了对孔子颂扬之意。

　　孔庙的主体部分，自大中门起，仿宫禁形制，周围建有崇垣，四隅建角楼，过同文门为奎文阁，其阁共2层、3重檐，是孔庙的藏书楼。奎文阁后面13座历代帝王往曲阜拜谒孔庙时留下的石碑，碑旁排列于道路两则，其形制相似，均为方形平面，重檐黄瓦歇山顶。庙主体庭院，在大成门内颇为广阔，四周建有廊庑，沿中轴线顺次建有杏坛、大成殿、寝殿。

　　大成殿是孔庙最重要的建筑，是整个孔庙建筑群的核心，是供奉祭祀孔子的正殿。殿内中间立有孔子塑像，两侧是颜回、曾参、孔伋、孟轲四配以及十二哲像，殿面阔9间，长45.78米，进深5间，宽24.89米，总高达24.8米，黄琉璃瓦重檐歇山顶，大殿外共有檐柱28根，均是石柱，两山及后檐柱18根，八角形浅雕蟠龙祥云，前檐柱10根，浑雕双龙对翔图案，下部刻山石，形象生动，雕琢精细美丽。大殿建在2层石台基上，前有作为祭祀舞乐宽阔露台，殿外檐施和玺彩画，殿内天花板及藻井均雕龙错金。整个大殿异常巍峨庄严、金碧辉煌。

　　各地文庙建筑亦均以曲阜孔庙为蓝本，主要包括棂星门、泮池、大成门、大成殿及作仪礼和舞乐的露台，成为文庙建筑的标准模式。

　　经历代统治者不断重修扩建，曲阜孔庙由最初三间旧宅扩充为占地约10公顷的"缭垣环护、重门层阙，回廊复殿，飞檐重栌"的宏大庙宇。其建造历史跨度长达2000多年，这在中国乃至世界建筑史上都是极为罕见的。孔庙建筑本身体现了中国古代建筑的艺术精髓，建造孔庙则体现了历朝历代统治者均以孔子为尊，儒学为本的思想统治。

武当金殿建成

　　明永乐十四年（1416），武当金殿建成。

　　金殿坐落于湖北省武当山天柱峰顶端，是一座鎏金铜亭，为中国古代的大型铸件。其高5.54米，宽4.4米，深3.15米，整个大殿均为铜铸鎏金，造

武当金殿

　　型壮观华丽，纹饰繁缛，光彩夺目。殿内宝座、香案和陈设器物，均金饰。内悬之鎏金明珠，设计精巧，犹如木雕。而尤以重达 10 吨的着袍衬铠的真武帝君铜像最为珍贵，是武当的金山铜铸造像艺术中的珍品，殿前陈设有金钟、玉磬，亦为不可多得之艺术品。

　　由于金殿在铸造时似已考虑到构件的膨胀系数，构件装配比较严密，而且成吨重的铸件用失蜡铸造法铸造，后运至峰顶进行装配。因此，金殿不仅反映了当时社会宗教昌盛的一个侧面，而且在很多方面也显示出明代自然科学技术具有相当高的水准。

围棋流行迅速发展

　　春秋战国时期已有关于围棋的文字记载。魏晋南北朝和隋唐时期围棋曾得以迅速发展。

明王绂《北京八景图卷》

　　明清时期则是中国围棋史上的第三个高峰，围棋迅速发展流行，并得到当权者鼓励。

　　据《青浦县志》记载，明初相子先为弈林高手，洪武中应召至京，燕王与之对弈，赐有龙凤弈具一副。《宁波府志》亦载：永乐初年，相子先和楼得达应召同驿抵京，明成祖令二人对弈，得达屡胜，"遂命吏部给冠带"。弘治年间，"九成以棋游京师"，遍胜京中高手。明孝宗召九成试之，果然技压群芳，被誉为"国手"，"命官鸿胪，序班供御"（《宁波府志》）。

　　此一时期，围棋已不为男子所垄断，妇女中亦不乏弈棋高手。《无锡县志》谓：永乐中唐理"家有素竹园，楸枰满座，诸妾臧获无不能之"。

　　围棋的广泛流行和迅速发展，使得棋艺不断提高，最显著的标志便是形成了各种弈棋流派，如"京师派"、"永嘉派"、"新安派"等。对弈林高手，明代除"国手"、"国工"的名称外，已使用"冠军"的称号。

《瀛涯胜览》成书

　　永乐十四年（1416），马欢撰成《瀛涯胜览》一书。

　　马欢，字宗道，会稽（今浙江绍兴）人，信奉伊斯兰教，曾作为翻译参加郑和的第四次、第六次、第七次的下西洋之行。《瀛涯胜览》就是根据航海途中所见所闻做的记载。全书一卷，18篇，记述了作者所访问过的占城，

明刺绣《梅竹山禽图》

明紫檀九虬纹笔筒

爪哇、旧港、暹罗、满剌加哑鲁、苏门答剌、那孤儿、黎代、喃渤里、锡兰、小葛兰、阿枝、古里、溜山、祖法儿、阿丹、榜葛剌、忽鲁漠斯等19个国家的疆域、道里、风俗、物产及其国家沿革的大概情形。每个国家作为一篇描写，其中因为那孤儿很小，所以将其附于苏门答剌之后。《瀛涯胜览》对郑和当时所经国家作了较详备记录，为当时中国人了解海外风情打开了一扇窗子，而且保留了许多珍贵资料，对今天研究历史有一定的帮助。

1421 ~ 1430A.D.

明朝

1421A.D. 明永乐十九年

命郑和复使西洋。

1423A.D. 明永乐二十一年

正月，交阯黎利败于车来县。

九月，成祖至阳河，以阿鲁台远循遂班师。

1424A.D. 明永乐二十二年

正月，以阿鲁台又侵大同、开平，征山西、山东、河南、陕西 、辽东等地，兵集北京及宣府。

复命郑和使西洋。

四月，成祖亲击以阿鲁台。七月，成祖死于榆木川。

八月皇太子高炽即位，是为仁宗昭皇帝。

进大学士杨荣为工部尚书，自后阁职渐崇。

1425A.D. 仁宗昭皇帝朱高炽洪熙元年

郑和于去年还自西洋，至是命守备南京。

五月，仁宗死；六月，皇太子瞻基即位，是为宣宗章皇帝。

1426A.D. 明宣宗章皇帝朱瞻基宣德元年

始立内书堂教习。自是宦官始通文墨，渐至有秉笔太监代批本章。八月，汉王朱高煦据乐安反，宣宗亲击之；高煦降，废为庶人，旋杀之。十一月，黎利大败交阯镇兵于应平，遣将分道赴援。

1427A.D. 明宣德二年

四月，黎利攻下昌化、谅江；七月，利又陷隘留关。

十月，与黎利和，撤交阯布政司官吏回，令立陈氏后。交吏自设官以来二十余年，前后用兵数千万，馈饷至百余万，官吏军民还者八万六千余人，其陷没及死者不可胜计。

1428A.D. 明宣德三年

五月，黎利遣使言，陈氏绝嗣，利为国人所推，权理军国事；遣官论仍访陈氏后。

1430A.D. 明宣德五年

复命郑和使西洋。和前后七使西洋，凡历三十余国，所取无名宝物不可胜计，而耗费亦不赞。

1429A.D.

法兰西农家女贞德在喜农谒见查理七世后，奉命率小队人马出征，旋解奥尔良国。

明成祖第三次北征

永乐二十年（1422）三月二十日，明成祖第三次北征。

永乐二十年（1422）三月十八日，蒙古一部在首领阿鲁台带领下袭掠兴和（今河北张北），并杀死守将都指挥王祯。成祖闻讯大怒，决定亲征阿鲁台。二十一日，成祖率大军由北京出发，二十四日到达鸡鸣山。此时传报袭击兴和的敌军已逃，明成祖担心中敌奸计，不许将官追击。明军经云州、独石、度偏岭、开平直抵阿鲁台的老巢龙门。敌军不敢应战，四处溃逃，在洗马岭

神马门及钟鼓楼

丢下 2000 多马匹，被明军全数获得。四月二十九日，成祖在云州举行大阅兵。五月十二日，成祖亲自谱写《平虏》三曲让将士歌唱，以鼓士气。二十一日，成祖命令前锋左都督朱荣率领哨骑 5000 人前行，遇敌则快速回报。七月四日，部队行进到杀胡原，朱军率众擒获阿鲁台部属。阿鲁台本人逃走，并将马匹辎重全部丢在库楞海（今内蒙呼伦湖）。明成祖命令明军将阿鲁台所弃的辎重全部烧毁，以免因搬运不便而重新为阿鲁台所用。七月，明成祖班师回朝，远征阿鲁台大获全胜。

明成祖第四次北征

永乐二十一年（1423）七月，阿鲁台再次进犯边境，为消灭阿鲁台，明成祖第四次亲征塞外。

七月二十四日，明成祖率大军从京师出发，浩荡北进，二十六日抵达土木河，九月十五日，鞑靼故知院有人前来投降，并告知明成祖：今年夏天阿鲁台已经被卫剌特打败，

长陵的主殿——棱恩殿

溃不成军。如今听说明朝大军出塞征讨，阿鲁台早吓得魂不附体，不知去向，再也不敢向南侵犯明边境了。明成祖封赏来人后，决定班师。十一月回到京都。这次北征，未有任何战事，无功而返。

明成祖死于第五次北征

明永乐二十二年（1424）正月七日，阿鲁台再次进犯大同、开平（今内蒙多伦多一带）一带。明成祖于四月四日出师蒙古，开始第五次北征。当大

军进至隰宁时，阿鲁台早已逃走，其部属也四散离去。成祖不想再无功而返，于是命令大家追击、搜寻。其时适逢大雨，天气恶劣，士卒中有许多人病死。六月成祖下令明军各部兵分几路穷搜山谷，仍未发现阿鲁台踪迹。此时，因远征耗时日久，粮草不足，成祖决定退兵。七月十八日，成祖回师至榆木川（今内蒙乌珠穆沁东南）时，因病去世。八月十日，灵柩运至京城，九月十日，成祖被奠谥为体天弘道高明

明成祖朱棣的陵墓——长陵

广运圣武神功纯仁至孝文皇帝，庙号大宗，葬于长陵。嘉靖十七年（1538），改谥号为启天弘道高明肇运圣武神功纯仁至孝文皇帝，庙号成祖。

明成祖在位22年，曾5次亲征漠北，沉重打击了蒙古内部的割据势力；先后6次派遣郑和下西洋，增强了我国与亚、非各国在政治、贸易、文化上的往来。他倡导编撰的《永乐大典》对保存我国古代文化典籍具有重要历史意义。

成祖逝世后，皇太子朱高炽即位，是为仁宗，第二年改年号为洪熙。阿鲁台听说成祖已死、仁宗即位后，即派使者前来贡马。仁宗下诏免去阿鲁台所犯之罪。从此，阿鲁台仍然每年遣使朝贡。

御史分巡天下

永乐二十二年（1424）十一月十二日，仁宗朱高炽派遣监察御史汤溎等14人分巡天下，考察官吏。

出发前，仁宗告谕御史们要体察朝廷安民之意，善于分辨各种不同的人：

有的人专事谄媚，不理政事；有的人沉静笃实，不善逢迎，但为政简易；有的人滥用刑罚，巧取豪夺；有的人廉洁无私，谨言慎行，但无所作为。仁宗要求御史们不为小人所迷惑，不屈服于权势，不对亲故存有私心，遇事要当众审理，秉公而断。仁宗勉励御史要先自治，才可治人，一定不可抛弃廉耻，违背礼法。

仁宗最后赐给各位御史20锭钞，作为旅费。随后，14位御史分别起巡。

设置巡抚

明代巡抚之制开始于洪武，形成于宣德年间。

巡抚之名在洪武二十四年（1391）就曾出现，当时朱元璋派遣太子朱标以巡抚名义视察陕西。永乐十九年（1421）朱棣也曾派大臣分巡天下，了解民间疾苦。后来又不断有大臣奉命奔赴各地，或称采访，或称巡视，事毕后还朝。

宣德五年（1430）九月，宣宗开始在各省专设巡抚。当时的江西、浙江、湖广、河南、山西、山东等地都有专门巡抚。然而这时的巡抚仍有临时派遣的性质。且与当地巡抚"都御史"不相统属，双方时有冲突。朝廷于是授予巡抚"都御史"职衔，设立衙门属员。明世宗时，朝廷又命巡抚兼提督军务，任期3至5年或10至20年不等，管辖范围为一省或数省，成为总揽当地行政、监察、军事大权的地方长官。原来的地方三司长官职权日益缩小，几乎变成巡抚的属员。

改定科举名额

明洪熙元年（1425），朝廷更定科举名额。

洪武初年时，科举取士是有定额的。但不久即取消了限制。各省录取的举子可多少不一。明仁宗时，朝廷决定重新规定取士名额，阁臣杨士奇趁机奏请分南北取士。洪熙元年（1425），仁宗皇帝正式议定各省乡试取士名额。其中，南京国子监及南直隶共80人，北京国子监及北直隶50人，江西50人，浙江、福建各45人，湖广、广东各40人，河南、四川各35人，陕西、山西、山东各 30 人，广西 20 人，云南、交趾各 10 人，贵州生员赴湖广就试。会试取士不过百人，南方人占五分之三，北人占五分之二。凡通古博今，端重沉静，年龄在 25 岁以上者可以应试。

此规定尚未实行，仁宗即驾崩。宣宗登基后，诏颁天下，要求各省仍按规定实行。

明宣宗即位

明洪熙元年（1425）六月十二日，太子朱瞻基即位，是为明宣宗。

洪熙元年（1425）五月十一日，仁宗朱高炽驾崩，时年 48 岁，在位不满一年。七月二日被尊谥仁宗敬天体道纯诚至德弘文钦武章圣达孝昭皇帝，庙号仁宗，葬于献陵。仁宗逝世后，太子朱瞻基即位，大赦天下，改年号为宣德，尊母后张氏为皇太后，立胡氏为皇后。

昔日仁宗在位，用人行政，以仁厚宽恕为本。他曾诫谕皇太子朱瞻基要学习圣人之心，万事不可偏激，要信守口正之道。并以"人主中正"四字制宝，

朱瞻基《武侯高卧图卷》

授予瞻基作为勉励。瞻基即位后,深得其父之道。六月,他召回在外置货的宦官,并将所采办的物品全部发归原主。

设内书堂·宦官通文墨

明宣德元年（1426）七月,朝廷设立内书堂,教宦官读书写字。

洪武年间,明太祖朱元璋为防宦官之患,严禁太监识字。后来虽设内官监典簿和尚宝监,分管文籍和王室图书,但其内官都仅识字但不明文义。到永乐时,朝廷开始令教官进宫教授宦官。宣德元年（1426）七月,朝廷正式在宫内设立内书堂。任命刑部主事刘翀为翰林修撰,选宫内年纪10岁上下的宦官二三百人就读其中,后来就读人数增至四五百人。刘翀之后,大学士陈山、修撰朱祚都先后担任教习之职。于是,由翰林官4人教习已习以为常,并形成为制度。

内书堂的设立,使宦官开始通晓文墨,司礼、掌印及秉笔太监都开始有机会参与政事。每日上奏文书,除御笔亲批几本外,其余的都由秉笔太监遵照阁臣票拟字样,用硃笔批行。从而使宦官有机会与外廷交待往来,实行内外勾结,加速了宦官之祸。此后的宦官专权,乃至明朝的灭亡,都与设置内书堂有一定关系。

汉王朱高煦谋反失败

明宣德元年（1426）八月一日,汉王朱高煦谋反。

朱高煦（1384~1426）是明成祖的第二个儿子,"靖难"时立有战功,多次营救成祖于危难之中。于是他恃功骄恣,凶悍不法,妄想篡夺太子之位。永乐二年（1404）,高煦虽被封为汉王,藩国云南,但他却迟迟不赴任,请留南京。后改封他地,高煦仍不肯前行。他整日闷闷不乐,图谋不轨。

1425年六月,他曾企图伏击宣宗,结果失败。宣德元年（1426）八月一日,朱高煦趁北京地震之机,在乐安（今山东广饶东北）谋反,设立王军府、千哨,分官授职，并勾结英国公张辅作内应。宣宗在大学士杨荣的劝谏下御驾亲征朱高煦。八日，宣宗率军出征，二十日到达安乐城北，送诏书给朱高煦。高煦无力抵抗，无可奈何，只得举手投降，余党都被擒获。宣宗兵不血刃，大胜而还，改乐安为武定，将朱高煦软禁在西安门内的逍遥楼。参与谋反的王斌、朱恒及天津、山东各都指挥640多人全部被处死，发配边关者达1500人。朱高煦被囚禁后仍不思悔改。一日，宣宗前来探视，他乘宣宗不注意，伸脚将宣宗绊倒。宣宗大怒，当时就命令力士用铜缸燃炭将朱高煦炙死，汉王诸子也全部被杀。

罢兵交趾·文武还京

明宣德二年（1427）十一月，宣宗从交趾撤兵，令所有文武官员班师回朝。

明成祖时，因为交趾黎氏杀陈氏自立，朝廷曾出兵安南，平乱后在交趾分置郡县，设官任职。但黎氏仍不时反叛，使南方战火不息。仁宗时，朝廷也曾派兵征讨，但仍不见成效。宣宗时，继续对交趾用兵，先有方政、陈智的征剿，后有王通、柳升的讨伐，但都失败而归。多年用兵，百姓不堪重负，况且败多胜少，劳民伤财，因此宣宗早有罢兵交趾之意。

宣德二年（1427）十月末，交趾黎利前往京师请和。十一月十一日宣宗决定趁此机会从交趾撤兵，随派遣礼部侍郎李琦、工部侍郎罗汝敬为正使诏抚安南人民，并赦免黎利之罪。

明代《暴关图》

成山侯王通救命班师回京，内外镇守、三司、卫所、府州县文武吏士共86640人，除被黎利强留万余人外，其余都撤回京师。

次年闰四月，王通等回到京城后，群臣纷纷弹劾其罪。结果王通以失律丧师弃地等罪名被杀。

万国来朝时期

明宣宗作《纪农》

宣德五年（1430）三月十日，宣宗朱瞻基陪皇太后拜谒长陵四宫后，将途中所见，作《纪农》一篇以示群臣，勉励群臣要知世事之艰难，吏治之得失，体恤百姓之疾苦。

《纪农》一篇宣宗以与农夫对答的形式，写出了农民四季劳作的艰辛。

问：你们每天俯身而耕，连抬头休息的时间都没有，你们为什么那么辛勤劳作呢？答：勤劳是我的职业。问：有休息的时候吗？答：农民种田，春天要耕作，夏天要管理，秋天要收获，任何时候都要勤劳，稍一息懈，一年内就可能要受饥寒的威胁。冬天虽有农暇，但要应县衙的劳役，是少有休息的时间的。问：为何不更换职业，为士为工为商或许可以得到休息。答：我

明商喜绘《明宣宗出猎图轴》。本图长353厘米，高211厘米，设色画明宣宗朱瞻基出猎时的情景，前驱、后卫多为内侍宦官，面相各异，大都实有其人。

家世代为农，从未变过职业。从士从工的，我不知他们是否有休息的时日。但从商的，我知道他们与我们一样十分辛劳。问农夫平日见闻，农夫谈起见过的两任县官，一任尽心民事，勤慎不懈，后虽升迁而去，百姓仍念念不忘，一任不问民之劳苦，百姓视其为路人。

据说宣宗听了农夫的话后，深受感动，除作《纪农》一文外，还厚赏了农夫。

设钞关·收船税

明宣德四年（1429）六月二十七日，宣宗设立钞关，收取船税。

洪武年间，朝廷设有商税却无船税。到了宣德四年，宣宗采纳了户部尚书郭资的建议设立钞关，收取船税。每船按所载货物多少，路途远近来征收税费，具体办法是：从南京到淮安、淮安到徐州、徐州到临清、临清到通州每段100料纳钞100贯；而北京抵南京，每100料纳钞500贯。为使税例得以施行，朝廷在商贾集中之地漷县、济宁、徐州、淮安、扬州、上新河（今南京）、临清等地设立钞关。不久又增设浒墅、九江、金沙洲等33个钞关。大多数钞关只收船税，仅临新、北新（在杭州）钞关既收船税，又收货税。施行不久，侍郎曹弘上奏说税例太重，宣宗于是同意核实酌减，将船税由100贯减为60贯。

正统初年，朱祁镇（明英宗）开始遵照洪武时旧制，不随意增收课税，并裁去济宁、徐州、上新河等钞关，将船税减至20贯。平民及商人深得其利，皆拍手称快。

开平卫内迁·边地空虚

宣德五年（1430）六月，迁开平卫于独石堡，弃地300里，尽失险要，边防益虚。

洪武三年（1370），李文忠率师攻克北元上都，明太祖始设开平卫。卫所在今内蒙古正蓝旗多伦西北，并建有8个驿站，分东西两处：东边为凉亭、

泥河、赛峰、黄崖，西边的是桓州、威虏、明安、湿宁。

开平是北方边塞要地。成祖4次北征都经过开平。他曾说，消灭此地残寇，只要守卫开平，则兴和、辽东、甘肃、宁夏边防就可永远无忧。但在永乐元年，为报答兀良哈靖难出兵相助之恩，成祖以其中三卫相赠。永乐二十年（1422），兴和又被阿鲁台所攻陷，开平失去了后援。宣德五年（1430）六月，因为鞑靼屡次进犯开平，

李文忠像

宣宗下令将开平卫迁至独石堡，弃地300里。此次开平卫内迁，使龙冈、滦河天险尽失，北方边防因此也更加空虚。

周忱改革赋役

周忱（1381~1453年）字恂如，江西吉水人。永乐二年（1404）进士，历官刑部主事、员外郎、越府长史。有经世之才，忧民体国之心。明宣德五年（1430年）九月，被宣宗特命为工部右侍郎，巡抚江南诸府，总督税粮，开始对赋役进行改革。

江南，从唐、宋以来就是中国的经济命脉所在，到明代更是如此。明王朝每年从江南18府州收取的田赋，约占全国田赋的四分之一，其中苏州、松江二府约占全国的七分之一，赋税负担极重。赋重的结果，是田赋（税粮）连年大量拖欠，贫苦农民不堪剥削，纷纷逃亡。于是重赋变成"有名无实"，国家的财赋收入受到严重的干扰和冲击。严峻的形势迫切要求统治者及时对现行的赋役政策进行调整。周忱的改革就是在这个时候产生的。

周忱在巡抚任上，根据江南的特殊情况，本着上不去国课，下不损小民的原则，积极进行均粮、均田的赋役改革，核心是减轻重租官田的税粮负担。其主要措施是创立《平米法》，其内容包括"加耗"和"折征"（均征）两个方面。加耗，是指明代迁都北京以后，为弥补漕粮北运过程中的损耗等额

外费用而加征的耗费。按原来额定征收的税粮，称为正米，额外加征的耗费，称为耗米。由于江南的豪民都不肯加耗，全部摊到贫民身上，造成民多逃亡、赋数拖欠。《平米法》的创立，首先就是为了改革这种不合理的耗米摊派。即将耗米纳入正米一并征收，亦即无论官田、民田，还是大户、小户，一律平均加耗；折征（均征），就是允许租额重的田地，可以改征"折色"，以银、布匹等物代纳税粮。租额较低的田土，仍旧交纳"本色"（实物）。为了保证《平米法》的实施，周忱还对苏州、松江诸府的徭役制度，如粮长制度和漕运制度等进行整顿和改革，除弊兴利，均平徭役，减轻了百姓的负担。

周忱的改革，保障了明王朝的赋税收入，巩固其政权。也有其重要的进步作用。"平米"的创立，带有由户丁征课逐步转为以田土征课的色彩，是户、丁两税并为田土一税的萌芽，具有承上启下的积极作用，为唐代以来"两税法"的发展，也为后来赋役合一的《一条鞭法》创造了条件。

明《岁朝图》。这幅图主要表现的是年节的娱乐活动。在锣鼓声中，爬竿、倒立、翻筋头的表演，博得观者的喝彩。

豆芽栽培技术迅速发展

明代豆芽生产迅速发展是栽培技术进步的重要表现。

明代豆芽的种类除了黄豆芽，还有绿豆芽。豆芽菜这一名称的最早记载见于《种树书》，从《种树书》可以看到明代栽培豆芽的技术简单易行，适宜在广大人民家中普及。其具体方法是挑选绿豆，用水浸泡两天两夜，等绿豆发胀后用新水淘、滤干。放在浸湿的芦席上，用湿草覆盖，就可以得到豆芽菜。黄豆芽的栽培方法与绿豆芽基本一样。

明代豆芽栽培技术迅速发展，还表现在对生产豆芽的原则做出了详细补充。中国古代生产豆芽有三原则：不见风日，适量供应和保持温度。这后两条原则明代补充"每日要喷水，一日两次为宜和春冬两季须将豆芽放于火旁以保持温度"。至今豆芽生产仍基本离不开这些原则。

铸成中国最大的铜钟

中国已发现的最大的青铜钟永乐大钟，铸成于明永乐年间（1403~1424），该钟也是世界上著名的大钟之一。

永乐大钟合金成分为：铜

永乐大钟

80.54%、锡 16.40%、铅 1.12%。铜钟是用泥范铸造的。钟身用圈形外范分七层，逐层与范芯套合，至钟顶部，将先铸成的钟纽嵌入，浇铸后成为一体。

永乐大钟通高 6.75 米，肩外径 2.4 米，口沿外径 3.3 米。钟壁厚度不等：最薄处在钟腰部，厚 94 毫米；最厚处在钟唇部，厚 185 毫米。重约 46 吨。钟体内外遍铸的端正清晰的经文，共 227000 字，相传是明代书法家沈度的手迹。钟声和谐洪亮。

永乐大钟在北京德胜门铸造厂铸成，后移入城内汉经厂，明万历年间（1573~1620）移置西郊万寿寺，清雍正十一年（1733）移置觉生寺（今俗称大钟寺）。

嫁接新果树技术出现

明代果树嫁接出现了匕首接和寄接两种全新的技术。

用现代术语说，匕首接就是根接，寄接就是靠接。匕首接将不同种类的树嫁接起来，达到杂交的优势；而寄接则为嫁接那些不易成活的植物提供比较可靠的无性繁殖措施。

因此，现代所用的嫁接技术除了丁字形芽接发轫于近代以外，在明代都已具备。

盆景、瓶花艺术昌盛

盆景和瓶花艺术在明代发展到达昌盛的境界。

明以前，我国制造盆景就已有相当深的造诣。明代盆景制作，着重可以放置案头之上。特点是摹仿画家，特别是宋代画家如马远、郭熙、刘松年等人的山水画意境。其取材种类与搭配很讲究，选取高可盈尺，本大如臂的天目松；或选取古拙有态的古梅独本栽植；或用一枝两三梗者，栽上三五寡，结为山林，排匝高下参差，再配上奇石古笋。对盆的选择及盆景的陈设也有讲究，盆要古雅，陈设时小盆景不能架在朱几上，大盆景不能放在官砖上，而以旧石凳或古石莲磉为座才佳。

明代瓶花艺术得到大发展，出现了有关专著《瓶花谱》、《瓶史》等。详细介绍容器和养花用水的选择，切花的剪取和保养瓶花的配置及插瓶注意事项。

关于养花的容器应根据摆设瓶花的环境来行动，大堂里用高瓶，书斋里瓶要矮小。养花用水不能用井水，井水味咸，花不茂盛，宜用河水或天降雨水。切花须拣那些能开放一段时间的，折花要

明雕漆双雀纹圆盒

取半开，而不是大开的花。为了瓶花持久，切花剪取后进行如下处理：梅花切折，用火烧折处，加泥坚固；牡丹初折宜灯灼折处，软丁就歇；栀子花初折，宜捶碎其根，擦上少许盐。对瓶子花配置的原则是花与瓶要匀称，花稍高于瓶；小瓶插花要瘦巧；瓶花每到夜间，宜放在无风处，可观看数天。以上原则，仍是今天瓶花艺术所要遵循的。

西安鼓乐出现

西安鼓乐在明代已经流传，长期流行在西安及济南山北麓一带。是一种历史积淀深厚、源流久远的乐种。

长期以来，西安鼓乐有结社传统，过去分玄（道）、释（佛）两门，当代通称分僧、道、俗三派，僧派鼓乐热烈悠扬，生活气息深厚；道派鼓乐典雅细致，技艺精湛；俗派鼓乐活动于农村、乡土气息浓郁、浑厚朴素。

从演奏方式上看，西安鼓乐可分为坐乐和行乐（路曲）两类。坐乐多在室内演奏，使用的乐器多以笛为主，配有笙、管、筝、琵琶，打击乐器中以形似古老羯鼓的座鼓为主。另有战鼓、乐鼓，独鼓也起重要作用，还有云锣、锣、铙、钹、量、梆子等10余种，行乐在室外站立或行进场合演奏，乐曲短小，

较坐乐简单，打击乐器也另有配置。

西安鼓乐所用乐曲以南北曲为最多，西安鼓乐著名的大型传统曲目有《尺调双云锣八拍坐乐全套》、《双人拍大乐朝天子坐乐全套》等。这类大型作品的打击乐部分十分丰富，热烈雄沉，与清雅的管乐曲调交替出现，非常动人。

西安鼓乐所用乐谱十分古老。它和南宋姜白石歌曲等文献的宋俗字谱有近似处，均属工尺

位于江西省贵溪县的虎山，是道教正一道发源地。

谱体系的早期形式，20 世纪 50 年代以来，经音乐学者的整理和研究，从古老抄本乐谱中已发掘乐曲 2000 余首，曲名、曲牌 1200 余首。

西安鼓乐流行的地区，在唐代曾经大曲歌曼，羯鼓声扬；鼓乐传抄谱中有些术语如催、滚、煞、破等，其起源可追溯到唐代大曲；鼓乐的谱式不仅古老，而且有并行者多宗；鼓乐的曲牌和古代音乐的联系千丝万缕。凡此种种，都足以引发今人对于西安鼓乐在明代以前的渊源进行探索。

全真道隐微·正一道显贵

明代道教以北方全真、南方正一为两大主要教派，但全真道隐微，正一道显贵。

全真道士多隐循潜修。当然也有著书立说者，最为世所仰慕的全真高道是张三丰，张三丰一宗属于明初新兴之全真支派，张三丰的著作有《金丹直指》、《金丹秘诀》等，张三丰身后，形成"自然派"、"邋遢派"、"隐派"等新道派。丘立清为武当道士，曾师事张三丰，得朝廷赏识，封为太常卿，是全真道士中最荣贵者，全真正宗自元以来分为七派，其中以龙门派势力最大，

明代该派出现特重戒律的龙门律宗，以丘处机门下赵道坚为龙门第一代律师，张德纯为第二代，陈通微为第三代，明初周立朴为第四代，此后还有四代律师。

全真道的理论皆以三教归一为时代特色，以性命双修作为宗旨；有的偏重于修性，有的偏重于修命；有的强调自身清修，有的强调男女合修。《三丰全书》以儒学心性修养和力行伦常来讲解内丹，所谓内以尽性，外以尽伦常，便可成就内丹，全人道可全仙道，在具体炼养步骤与方法上、张三丰一系主张从筑基练己入手，属修性的"玉液还丹"。由修心炼性而运精化神，由有为而达无为，率此天性以复其天命，即可得道。明代内丹家比元代讲先性后命或先命后性又进了一步，形成先摄心修性，次炼化精气修命，最后"粉碎虚空"以了性的"性→命→性"程式，初期的修性是打基础，最后的了性是最高境界，以修命作中介手段，明代道教内丹炼养术的具体化和通俗化。为它扩散到民间创造了有利条件，它的健身养生实效也博得教外人士的爱好。

从明洪武初年起，正一道天师即掌全国道教事，其地位超出全真道而为主导，第四十二代大师张正常于明初两度入京朝觐，被援正一嗣教其人，永掌天下道教事。世宗时，正一道士邵元节显贵一时，正一道的政治地位也达到高峰，但正一道也因此而受到腐蚀，不法犯罪者时有发生，当时的高道只有张宇初和赵宜真两人。

张宇初撰《道门十规》，系统阐述道教教义与教制，颇有重新整顿正一的意愿。他的道教思想更多地吸收了全真的性命双修之学与严格的教规教风，表现了道教内部各派互融趋同的趋势，同时又融合儒道，给道教输入更多的外部营养。由于道家的学术声威较高，张宇初强调道教以老子为宗源，他主张外法应以内炼为本。张宇初十分推崇全真南北二宗的内丹之传，以性命双修为一切道教教法之本。他看到明初正一道戒律松弛，道风颓堕，主张吸收全真的教戒，提倡艰苦俭朴之风，以达到振兴宗教的目的。

赵宜真是元明间名道士，被净明学者尊为第五代嗣师，在赵宜真身上，体现着全真、清微与净明的合一，他的丹法略与全真北派同，以"自性法身"为本，以"摄情归性"、"摄性还元"为进修之要，以"粉碎虚空"为最高境界，主张先性后命，他亦相信外丹，认为日月精华炼成丹药点化肉身，可以脱胎换骨，白日飞升，他的雷法注重内炼。明初江南诸派道教合流，江南正一与北方全真亦靠拢，门户界限是很模糊的。

江南文人画兴盛

　　明代前期，明统治者极力倡导宋代院体画风，然而在江南地区，元代文人画家的影响仍然很大，宫廷以外的文人士大夫画家中间，除王履外，徐贲、杜琼、刘珏、王绂、夏㫤、谢缙还有马琬等人都是远师董源、巨然，近承元四家传统的，他们的绘画从元人入手，具有典型的文人画气质，体现出士人情

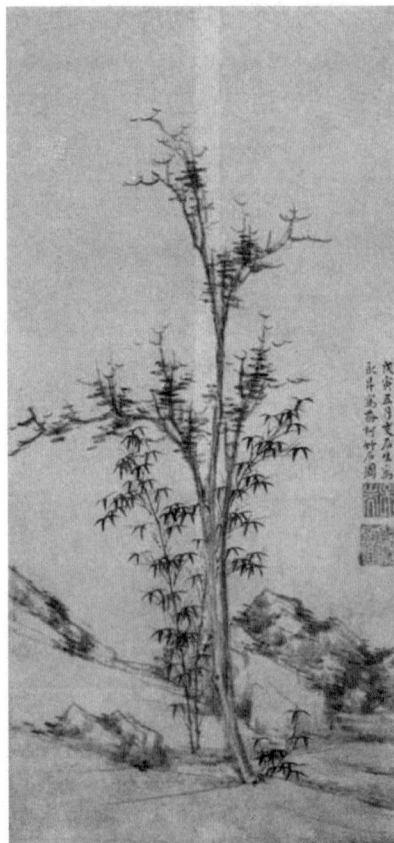

明王绂《乔柯竹石图轴》

明谢缙《潭北草堂图轴》

趣，有的成为明代中叶出现的吴门画派的前驱。

王履（1332~？），字安道，晚年自号畸叟，又号抱独老人，江苏昆山人。擅诗文书画，山水画师承马、夏，取景高奇旷奥，笔墨出入马、夏之间，有关艺术主张的名言"吾师心，心师目，目师华山"受到后世重视，有传世之作《华山图》。

徐贲（生卒不详），字幼文，元末隐居在浙江湖州的蜀山，是"明初四手"之一，擅画山水，师法董源、巨然传统，绘画多用披麻皴，笔墨秀润葱郁，传世之作有《蜀山图》、《秋井草亭图》等。

杜琼（1396~1474），字用嘉，世称东原先生，晚年自号鹿冠道人，江苏吴县人，善书画，隐居不仕，工山水画，兼师董源、巨然与王蒙，善用干笔皴擦，尤擅抒写灵秀、疏淡的文人情趣，是前承元代，后启吴派的前驱者，传世作品有《南湖草堂图》、《友松图》、《南村别墅图册》。

明刘珏《临梅道人夏云欲雨图轴》

明杜琼《友松图卷》

刘珏（1410~1472），字廷美，号完庵，今江苏苏州人。画山水继承元人吴镇、王蒙风格，构图严密，景致高逸，墨色浓郁，传世之作有《夏山欲雨图》、《清白轩图》。对吴门画派有影响。

王绂（1362~1416），字孟端，号友石生，又号九龙山人，江苏无锡人。擅长画山水、竹石，继承元人水墨画法的传统，绘画用披麻与折带皴法，墨韵清秀明韵。传世之作有《北京八景图》、《山亭文会图》、《墨竹图》、《湖山书屋图》。被时人称为"国朝第一手"。（《弇州山人四部稿》）

夏昹（1388～1470），原姓朱，字仲昭，号自在居士，江苏昆山人。永乐十三年（1415）中进士，官至太常寺卿，曾在翰林院从王绂学画竹石，后以画竹闻名，有"夏卿一个竹，西凉十锭金"之说（《明画录》），传世之作有《湘江风雨图》卷、《奇石修篁图》。传人甚多，主要有魏天骥、屈礿等人。形成颇有影响的昆山墨竹画派。

谢缙（1360～1431）又作谢晋，字孔昭，号兰亭生，深翠道人，又号葵丘道人，中州（今河南）人。侨居吴中，画山水师法赵孟頫、王蒙。构景苍茫、厚重，皴法繁密，有"谢叠山"之称，与沈周及其父辈交游密切，传世作品很少，《谭北草堂图》是近来新发现的佳作。

天坛建成

天坛是明清帝王祭祀天地和祈祷丰年的建筑。北京天坛亦体现古制，祭天的坛为圆形，称圜丘；祭地的坛为方形，称方泽。表明"天圆地方"的观念在天地坛形制上得以表现。

北京的天坛，位于正阳门外东侧，沿北京城中轴线与先农坛（原

祈年殿内景

祈年殿

龙凤石。祈年殿内石板地面的中心，是一块圆形大理石，上面有天然形成的一龙一凤的纹样，
叫"龙凤石"。皇帝祈年祭天时，就跪拜于这块奇石之上，群臣只能在此石之下跪拜。

称山川坛）东西对峙，整个建筑群由内外两重围墙环绕，占地 280 公顷，4 倍于紫禁城的规模。外墙南北 1650 米，东西 1725 米，内墙南北 1243 米，东西 1046 米，正门面西，内外墙的南面为方角，北面为圆角，寓意"天圆地方"之说。

北京天坛建于明成祖永乐十八年（1420），原称天地坛，整个天坛建筑群按使用功能不同分 4 组：祭天的圜丘及附属建筑；祈年殿及附属建筑；皇帝祭祀前斋宿处斋宫；饲养祭祀牲畜的牺牲所和乐舞人员居住的神乐署。圜丘和祈年殿为主体，南北相对，以一条长 400 余米，宽 30 米，高出地面 4 米的砖砌甬道丹陛桥连接。中轴线偏东。

圜丘是一个用汉白玉砌成的 3 层圆形石台，坛面上无其他建筑，以合露祭天地。周围用两重矮墙环绕，内墙圆形，外墙正方形，两重围墙四面正中建有白石棂星门，周围置 3 座高大望灯杆，12 座铁燎炉相陪。坛面中心铺圆石一块，外用石块围成 9 环。石块数均为 9 的倍数。坛的北面为皇穹宇，供"昊天上帝"牌位，祭天时才移至圜丘。皇穹宇平面圆形，单檐蓝琉璃攒尖顶，建于白须弥座石基上。皇穹宇前两侧各有配殿，外用围墙环绕，直径约 63 米，均用磨砖，始有回音之功效。

祈年殿是座圆形平面大殿，位天坛中轴线北部，高 38 米，上覆三重蓝色琉璃瓦屋面，鎏金宝顶，檐柱门窗朱红油饰，檐中斗拱额枋绘绚丽彩色，立于 3 层圆形白石台基上，大殿内外用 3 层木柱支起，内部 4 根柱，均装饰华丽辉煌。祈年殿后的皇乾殿功能同皇穹宇一样。

斋宫外有两重围墙，每重围墙外都有护城河相绕，主殿东向为砖券无梁殿结构。

天坛在总体规划布局及单个建筑的艺术造型上，体现了古代匠师卓越的空间组织才能和完善的艺术构思，既体现了崇高、神圣和"天人合一"思想，表明"受命于天"主题，建筑平面主为圆形，附会"天圆地方"的宇宙观。

朱权编《神奇秘谱》

朱权（1378~1448），明太祖朱元璋的第 17 子，少时自称大明奇士，晚年崇尚道家，号臞仙、涵虚子、丹邱先生，朱权花费 12 年时间编辑《神奇秘

谱》，屡加校正，成于洪熙乙巳（1425），共分3卷，上卷称分"太右神品"，共16曲；中下卷称为"霞外神品"，共48曲，全书合计64曲，曲前多有解题，介绍乐曲源流和内容等有关资料，朱权在他的自序中说："太古神品"是"太古之操，昔人不传之秘。"从其减字谱形式并参照解题来分析，"太古神品"多是自唐宋时期传世的曲谱，其中包括《广陵散》、《高山》、《流水》、《酒狂》等，"霞外神品"大多是宋元间在民间流传较少的琴曲，有的可能经过重写，这些琴曲对明代来说也已经是甚为古老又相当难得的文献，如源于唐代的《大胡笳》、《离骚》等。

　　朱权对待编辑工作非常严谨。他能够尊重不同琴派的特点，他说："各有道焉，所以不同者多，使其同，则鄙也！"这在当时是难能可贵的，但他也有崇雅黜俗的倾向。

　　总的说来，朱权辑录古老传抄琴谱并传播于世是具有历史性的意义的，琴谱的刊行，由朱权首开端绪，加上明代印刷业的发达，于是造成明代七弦琴谱不断涌现的盛况。传世至今约有40余种，其中不乏具有高度历史价值的珍贵文献，成为体现中华音乐文明传统十分重要的一个方面。

薛瑄创河东之学

　　薛瑄（1389~1464），字德温，号敬轩，山西河津人，官至大理寺少卿、礼部右侍郎、翰林学士。明初继曹端而起的朱学学者，朱学的主要代表人物。他与弟子阎禹锡、白良辅、张鼎和私淑弟子段坚等，创立以"复性为宗"，强调日用人伦，提倡笃行践履的"河东派"。门徒遍及晋、豫、关、陇一带，影响颇大。著作有《读书录》和《读书续录》以及后人编辑的《薛文清公全集》。

薛瑄像

薛瑄在曹端理气一体的基础上提出"理不离气"，"理气无缝隙"和"理只在气中，决不可分先后"的观点。修正了朱熹"理在气先"的说法。他认为强调理在气中，理气"无缝隙"的密不可分的关系，才能避免理气脱节，使理不至于成为"气之外悬空"之物，从而使人懂得"即理而气在其中，即物而理无不在"（《续录》11卷）的道理，明白由下学而上达的求道功夫。薛瑄修正朱熹"理先气后"说，是为了修补朱学不足，更好维护朱学"理为主，气为客。客有往来，皆主之所为"（《续录》3卷）的理本气末，理体气用的观点。

薛瑄在认识论上具有一定的唯物主义倾向，有一定积极意义，他继承了朱熹的格物穷理说，把即物穷理、向外求知看作是认识的途径。他把对自然规律的认识和道德践履的认识包括在穷理内，要求在逐事逐物的穷理中，最后抽象出事物一般原则。他还认为认识需要靠日积月累的，而且要有不满足于已知的知识，坚持奋进的精神。与他的格物穷理说相关的是他的知行观。他克服朱熹的"知先行后"说与"知行相须"的矛盾。强调没有知的行是盲目的，没有行的知是无有的知，所以提出"知行贵乎兼尽"（《续录》3卷）的观点，把知和行有机联系在一起。但薛瑄在认识论和知行观上仍未摆脱理学的束缚，认识论仍是偏重道德修养的心性论，知行观仍是强调道德的践行。

薛瑄还从本体论的高度提出"知性复兴"说，他认为性是天地万物和人所共有的本质，又是伦理纲常的核心。性是天所赋予人之理，人受之，就具有天道、天理的意义。他进一步指出仁义礼智等封建伦理道德即是性，将其赋予本体论的意义，从而将封建伦理道德普遍化、绝对化，把伦理纲常作为人必须遵守的最高原则。他认为性有已发、未发之分，道德修养的功夫，就要革除即将萌发的不善意念。而要做到这一点就要"知性"。要人们养成遵循和恪守封建道德的自觉性。要人们日读圣贤经传，在人伦日用中自觉地按封建伦理道德规范恭行践履。

总之，薛瑄的"河东派"学说实际上就是要以封建伦理道德规范来约束人们的思想和言行，体现了程朱理学对明初思想统治的强化。并传至明中期，形成了吕柟为主的"关中之学"。

理学家吴与弼与"崇仁之学"

　　吴与弼（1391~1469），字子傅，号康斋，抚州崇仁（今江西省）人，除晚年受知朝廷，辅导太子读两月书外，皆居家讲学，是明初的朱学代表人物，与山西河津人薛瑄号称南北大儒。有众多的弟子，如娄谅、胡居仁、陈献章等，形成"崇仁之学"。著述不多，有日常学之所得的《日录》一卷，以及后人汇集其他诗文编成的《康斋文集》。

　　吴与弼的理学，主要讲道德修养，认为"圣贤教人，必先格物致知以明其心，诚意正心修其身，修身以及家、而国而天下不难矣"（《文集》10卷），修养方法上强调修养是一个长期持续不断的艰苦过程，要求读书循序熟读。此外，他还要求践行，在艰难的条件下进行磨炼，即所谓"践履功夫，从至难至危处试验过，方始无往不利"。（《文集》6卷）。

吴与弼像

　　在道德修养上，吴与弼还提出"敬义夹持，实洗心之要法"（《文集》10卷）的观点。认为通过敬内功夫和读书穷理的集义功夫，加以"浣洗"，即可便具有"知觉"的神秘之心"莹澈昭融"而达天理。但同时他又认为，心虽明镜般，但由于气禀之拘，物欲之蔽，而把它染上物欲、邪思的尘埃，因此要通过"敬义夹持"的功夫来洗掉这些尘埃。他的这些观点明显受了佛教禅宗"拂试"明镜的说法影响。

　　他还强调为学和日常行事都要时刻警惕有"非分"的欲望和意念的萌生，处处要遵循封建伦理纲常的"天理"。这种理论认为君子和学圣贤者进行的道德修养就要做到"存天理，去人欲"的境界。

在道德修养论上，他还更重视"主静"的涵养功夫。提倡"静坐"、"夜思"的冥语。认为"思到此心收敛处，聪明睿智自然生"（《文集》6卷），进而明确提出"心学"的方法。认为心学之要，就在于存心以"涵养本源"。吴与弼的"崇仁之学"，仍脱不了朱学范围，他的"存天理，去人欲"的理论信条，束缚了人们身心和思想的发展，增强了蒙昧主义的浓度，从而维系了封建专制主义的统治。但他的朱学杂入了陆九渊的心学思想，在由朱学转变为王阳明的心学的演变过程中有相当重要的作用和地位，对明代心学的产生具有一定的作用和影响。

楼阁人物金簪。用极细的金丝编成两层楼阁和执物侍妇女，显示了高超的工艺水平。

明刺绣《秋葵蛱蝶图》

明朝

1431 ～ 1440A.D.

1432A.D.　明宣德七年

正月，赐司礼太监金瑛、范洪免死诏；时袁琦等虽诛，但宦官之宠任如故。

1433A.D.　明宣德八年

九月，日本复来献；实则冒充，其人常以船载兵器，伺便则上岸劫掠，不得便则称贡使，后更为沿海之患。

1434A.D.　明宣德九年

八月，瓦剌脱欢以攻杀阿鲁台来告。九月，宣宗巡边，逾月，至洗马林回。

1435A.D.　明宣德十年

正月，宣宗死，太子朱祁镇即位，是为英宗睿皇帝，时方九岁。

九月，以宦官王振为司礼监。王振招权纳贿，为明代宦官乱政之始。

1436A.D.　明英宗睿皇帝朱祁镇正统元年

十二月，宦官王振怂恿英宗下兵部尚书王骥于狱逐渐弄权。

1438A.D.　明正统三年

瓦剌酋长脱欢立元后脱脱不花为主，自为丞相，专国事。

1439A.D.　明正统四年

是岁，瓦剌酋长脱欢死，子也先嗣，称太师、淮王。

1440A.D.　明正统五年

三月，大修北京宫殿，役工匠官军七万余人。

1431A.D.

英王亨利六世在巴黎加冕为法兰西王。同年英人假当时处置女巫例，将法国女杰贞德焚死。

1435A.D.

日本《玉叶集》、《古今著闻集》撰成。

1438A.D.

奥地利公阿尔伯特当选为日耳曼王，称阿尔伯特二世。哈布斯堡氏直系，自此统治帝国至1740年，傍系统治帝国至1806年。统治奥地利则至1918年。约在同年有迈恩兹人古顿堡在斯特拉斯堡设立印刷店，以活字模印刷书籍。

1440A.D.

尼德兰名画家，任伯艮地公"好人"腓力之宫廷画师杨·凡·爱克卒。相传近代油画为其所发明。

始命官军兑运民粮

宣德四年（1429），朝廷在粮食调配上开始恢复支运法，由于民力耗费过大，两年后又改为兑运法。

支运法的建议是由受命协助陈瑄经略漕运的尚书黄福提出来，并经宣宗批准的。做法是：令江西、湖广、浙江民工运粮150万石于淮安仓，应天、常、镇、淮、扬、凤、太、滁、和、徐民工运粮220万石到临清仓，苏、松、宁、池、庐、安、广德民工运粮274万石到徐州仓，再令官军接运到京、通二仓。至宣德六年十一月十五日，陈又奏"江南民工运粮到各粮仓，来去时间达一年，对农业生产不利。可令民兑运附近卫所官军，由官军运至京城并补给路费耗米，此谓'兑运'"。宣宗准奏，制定《官军兑运民粮则例》，自此兑运与支运并行。而军既加耗，又给银两作为盘拨费用，还能附载其他物资，皆乐于从事。但因远运艰难，老百姓不大愿意干，因此，兑运者多而支运者少。

明宣宗作劝诫诗

明宣德六年（1431）至七年，宣宗朱瞻基先后作《悯农诗》、《官箴》、《织妇词》，劝诫群臣及地方官吏，重视农作，体察民众疾苦，为官清廉。

《悯农诗》作于宣德六年六月，呈发吏部尚书郭琎。诗中强调了农业的重要性："农者国所重，八政之本源。"也阐述了农夫的艰苦："既无糠核肥，安得绵絮温。"要求当官的要多为老百姓想想："惟当慎所择，庶用安黎元。"表达了宣宗对农业的重视对农民耕作辛劳的了解及对官吏为政的劝诫。后来，巡按湖广御史朱签上言增设预备仓，以便使旱涝时有所资助，宣宗认为有理，下诏令天下府、州、县修建预备仓。

宣德七年六月，宣宗亲制《官箴》以警戒百官。共三十五篇，内自六部、

万国来朝时期

朱瞻基《苦反鼠图卷》（之一、之二）

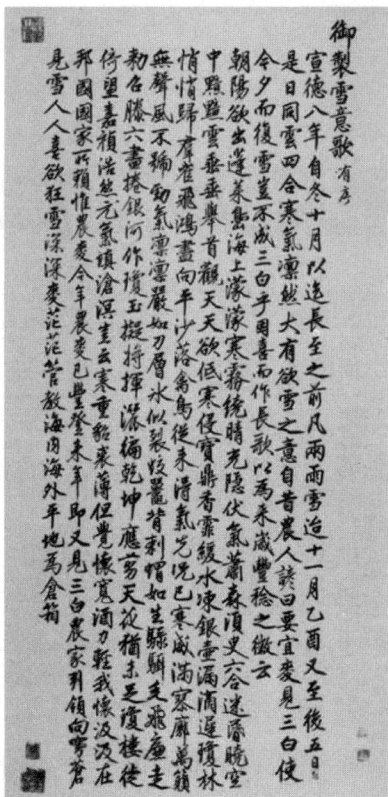

朱瞻基《雪意歌》

九卿以至主事、行人，外自布政、按察二司，各府、州、县以至儒学，武职则自都督府以至各部指挥、内外诸卫，都明确规定了其职责范围内所应遵守的准则。宣宗告谕，要求"文武群臣，同心协力，兴起治功"。申明了自己亲制《官箴》的目的，在于"因取古人箴做之义，各著一篇，使各揭于厅，朝夕省览，可期有助职事"。要求"凡在位君子，有以嘉言告我，尤是美事"。

宣宗还数次到乡野，眼见织妇采桑育蚕缫丝，制帛累寸而后成匹，十分辛苦，为此他作《织妇词》宣谕众臣。诗中写了他"亲睹织妇劳"的过程，最后感叹道："安知织妇最辛苦，我独沈思一怜汝。"

宣宗的这些诗，对促使官吏减轻民众负担起了一定的作用。

卫所设儒学

宣德七年（1432），明宣宗采纳了在卫所立校的建议，着令执行。

是年三月二十日，吏部尚书郭琎等复奏陕西按察佥事林时建所言：各地卫所应当建立学校，使军官子孙能接受教育。吏部与有关廷臣会议一致认为，与府县治相邻的卫所，军官子孙可令其入府州县学读书。离府州治县学校较远的卫所，则应择地建学校，解决军官子孙的读书问题。学有所成者可以参加本处的乡试。宣德十年十月十三日，陕西按察司佥事又奏言各处卫所的军人中也有可造就的人才，应分别建立学校对他们进行教育，使之能文武双全，为国家效力。

两个建议先后均获宣宗钦准，命令全国各地驻军的地方都建立了学校。

朱祁镇即位三杨辅政

宣德十年（1435）正月三日明宣宗朱瞻基逝世，大学士杨士奇、杨荣等拥朱祁镇为帝，即为英宗。

明谢环《杏园雅集图卷》。内阁大臣正统元年（1436）三月初一休假，大学士杨荣、杨士奇、杨溥及阁员们雅集杨荣家右园中。

朱祁镇是宣宗朱瞻基长子，母孙贵妃。宣宗卒时，祁镇方九岁，朝臣有人欲立哀王为帝。经大学士杨士奇、杨荣等一番努力，排除异议，终使朱祁镇于正月十日即皇位，以次年为正统元年。

二月，尊皇太后为太皇太后。太后将决断权交给内阁，委托杨士奇、杨荣、杨溥三人同心辅政，共商臣民奏章。三杨中，杨士奇学识渊博，通达国体；杨荣多谋善断，杨溥儒雅谨慎。议事时，杨士奇引经据典，杨荣作出决断，杨溥则能听众议，虚己从人。这三人配合默契，号称"三杨"。他们辅佐英宗处理国事，起了关键的作用。

再立永宁寺碑

宣德八年（1433）三月一日，明朝再立《重建永宁寺记》石碑。当时的永宁寺位于今俄罗斯辖境。

在永乐年间，明成祖朱棣曾先后九次派太监亦失哈前往奴尔干都司（其统辖范围：西起鄂嫩河，东达库页岛，北至外兴安岭，南临日本海的广大地区）巡视，宣示朝廷旨意，安抚各族人民。永乐十一年（1413）和宣德八年（1433）两次在奴尔干都司所在地特林（今属俄罗斯）修建永宁寺，用汉、女真、蒙、藏四种文字刻写碑文，立于此地，碑文记述了明政府建置奴儿干都司和兴建永宁寺的经过。永乐十一年九月二十二日所立的《敕修奴儿干永宁寺记》和宣德八年三月初一所立的《重建永宁寺记》石碑，见证着明朝曾有效地统治奴儿干地区的历史。

明船图

严禁私自下海捕鱼

明宣德十年（1435），英宗下旨严禁私自下海捕鱼。

自明正统十年，日本国开始不断

派船只骚扰浙江沿海,攻占明所辖沿海各地,烧杀抢掠。明英宗下令加强沿海防备,保卫百姓生命财产的安全,并增设沿海防倭官,对阻止和抗击倭寇的侵犯起了积极作用。

宣德十年七月二十日,有司奏陈:豪顽之徒私自制造船只下海捕渔,容易招引倭寇登岸入侵。户部也奏海

明青花枇杷绶带纹盘

防正欲加强,应敕谕浙江三司告示沿海卫所加强禁约,严治敢于私自捕鱼及纵容包庇者。英宗准奏,在沿海下令禁止私自造船下海捕鱼,违者严惩。

造《逃户周知册》

正统元年(1436),英宗命各府州县造《逃户周知册》,以掌握逃民情况,并促使流民归附原籍。

由于赋税加重,自然灾害不断发生,逃户流民逐渐增多,严重影响了社会的安全和农业生产。为此,英宗首先下令逃户较多的山西、陕西、山东、湖广、直隶及保定等府州县,造《逃户周知文册》,开出逃户姓名、男女口数、所遗田地税原籍有无人应承粮。将史册送各处巡抚并清军御史处,督令逃民复业;已成家业愿入册者则给予户田执照照数纳粮;原为军匠籍的仍作军匠附籍,民灶籍的仍作民灶籍。对填报不准确或不填报、逃移、窝藏不告发的逃户从重惩处,发配至甘肃充军。朝廷四处搜捕、桎梏赴工,但先后逃亡的士卒达28万余人。朝廷为招抚计,在北京、山东、山西、河南等处增设专官。尽管如此,并未能遏止逃户的增加,越来越多的流民构成了明朝统治的一大隐患。

十一使臣还国

正统元年（1436）闰六月二十九日，英宗下令将滞留中土的十一国使臣送回他们各自的祖国。

这些使臣是宣德八年（1433），分别从西洋、西域来朝贡的，来自古里、苏门答剌、锡兰山、柯枝、天方、加异勒、阿丹、忽鲁漠斯、祖法儿、甘巴里、真腊等十一个国家。他们在京师住了几年，一直没有回国。明英宗下旨令礼部送他们回归故土时，还赐敕书，以示怀远。他们是搭乘爪哇国朝贡船回国的。

盘访圣贤后裔

正统元年（1436）七月十七日，顺天府推官徐郁奏请朝廷通过寻访圣贤后裔，挑选其中俊秀加以培养，以发挥儒学。英宗批准实行。

英宗即位时，已开始尊崇儒学。徐郁的奏章回顾前朝先业尊崇圣贤，宠及后裔的"盛典"，又指出：现在，宋袭封衍圣公孔端友及宋儒周敦颐、程颢、程颐、司马光、朱熹的子孙均已流寓民间，杂为编户，与平民一样服役。请朝廷恩准派有关官员察访这些圣人后裔，免除他们的徭役，并选择其中较突出的人才加以培养，修葺倾圮的先贤祠墓，使君子圣人的德泽传之久远。英宗赞同徐郁之言，遂令有司开始巡访圣贤之后，免除他们的徭役，修复其先人祠堂、坟墓。

大捕天下逃亡工匠

正统三年（1438）十一月，明朝廷为建宫殿，大捕天下工匠4000余人，强令赴工。

朝廷在宣德年间大兴土木，聚集天下工匠于京师，到了朱祁镇（英宗）即位时，全部解散。后来又大建宫殿，修九门，改建王府、六部等衙门公署，以及广建京城内外诸佛寺院，劳役繁重辛劳，工匠纷纷逃亡。到正统二年春，逃亡工匠已达 6000 余人，致使京城建筑建设停顿延滞。朝廷和地方虽以改善待遇为条件招抚工匠返工，都没有效果。为应付京城建设的需要，朝廷于十一月下令逮捕逃亡工匠并押解至京城赴工，被逮回之工匠皆披枷劳作，军民怨声载道。

倭寇骚扰浙东

正统四年（1439）四月，日本国派四十余船攻浙江，英宗下令加强沿海兵备，并增设沿海防倭官，抗击倭寇入侵。

明建国初期，宣德间定日本诸国进贡，都给信符勘合。明英宗即位后确定日本使臣进贡时，船只不得超过三艘，人员不得超过三百，也不能多带兵器。起初倭按约实行，后来进贡渐渐不按定期，还常满载方物兵器在沿海水域出没，骚扰浙江海滨居民。正统四年，倭船接连攻占台州、桃渚、宁波、大嵩二千户，

《太平抗倭图》

又攻陷昌国卫，所到之处，烧杀劫掠，百姓遭殃。明英宗于是下令加强沿海防备，将失守将官三十六人斩首，并采取了一些防倭措施。

太皇太后欲诛王振

正统二年（1437）正月末，太皇太后张氏（仁宗之后）因王振专制朝政，欲诛之，由于英宗及辅政五大臣求情方免一死。

　　明英宗即皇位时，太皇太后将朝政大权交由阁中三杨等累朝元老，王振心有顾忌，不敢胡作非为。有一次，王振未经杨士奇准许而私自作决定引起杨的恼怒，太后闻讯，便欲诛杀王振。正统二年正月末，太后在便殿召集英国公张辅、阁臣杨士奇、杨荣、杨溥、尚书胡濙，英宗也在场。太后对英宗说："这五人为先朝简用的忠直之臣，凡事必经他们同意方能施行。"太后又召来王振，擒之，说他目无朝纲，怠慢皇上，欲斩杀。英宗见状，跪请太后恕王振死罪，五大臣也一起求情，太皇太后只得免王振一死，但令其以后不得干预朝事。此后王振有所收敛，然太后死后，他更加飞扬跋扈，肆无忌惮。

北京智化寺内存太监王振像

制定经筵进讲制

　　正统元年（1436）三月，明朝廷制定经筵进讲之制。经筵，即按时给皇帝讲经。明朝建国以来，经筵进讲之制没有固定的时间、地点。二月，阁臣杨士奇、杨荣、杨溥向皇帝上奏，指出治国之根在于圣学，为君德经世济民计，应选正人经筵讲读，于是英宗下旨以英国公张辅、大学士杨士奇、杨荣、杨溥等共知经筵事，少詹王直、王英、侍读学士李时勉、钱习礼、侍学学士陈循、侍读苗衷、侍讲高谷、修撰马愉、曹鼐兼经筵官，翰林春坊儒臣分直侍讲。每月九日、十九日、二十四日进讲，先讲书，后讲经史，书读《大学》，经读《尚书》。后来又定以月之二日为期，每月初二、十二、

正德折米价银锭

二十二会讲。二、八月中旬起，四、十月末旬止，寒暑暂停，经筵进讲制从此固定下来。

以赋税折银

正统元年（1436）八月，英宗同意仿照洪武时期的"折色"制，确定以岁赋折银入内承运库，称为"金花银"。

针对当时粮食运送状况，都察院右副周诠上奏朝廷，指出官俸支米，运到南京的费用太高，常以米易货，贵买贱卖，其价值不及原来的十分之一。故请求在南畿、浙江、江西、湖广等水运不方便的地方，用折取白金、布帛代替官俸米的办法，送京都充当薪俸。英宗征求群臣意见，确认这样做可于民方便，于是从八月开始，在全国范围内推行"折色"制，米麦1石折银2钱5分。上述水运不便之地的赋税米麦共400余万石，折银百余万两。税粮不再送往京城，大大减轻了运输的压力。税赋折银的全面推行，使仓库存粮逐渐减少。

麓川恩任发反叛

正统三年（1438）六月，麓川宣慰使恩任发起兵反叛，朝廷派沐晟、方政前往征讨，耗费大量的民力、财力、军力，虽将恩任发斩杀，但并没有彻底平定叛乱。

恩任发，恩伦发次子。恩伦发于明太祖平云南后降附朝廷。麓川位于云南南端，与缅甸相邻，地势险要。恩任发借此发动反叛，沐晟、方政当即奉诏征讨，但出师不利，第二年三月，沐晟因贻误兵机而畏罪自杀。朝廷增派军队，于正统五年七月才将叛乱平息。十二月，恩任发遣使致书谢罪，此时虽然西北战事告急，王振却向英宗主张将甘肃宋军调至云南征讨，正统七年十月，恩任发战败逃至缅甸，正统十年被千户王政斩首献京师。王振于十三年（1448）三月派王骥率兵13万再次讨伐恩任发余部，任发之子恩禄却乘机

逃匿，王骥准备回师，恩禄却乘机发兵起事，占据孟养。王骥急切无法取胜，只好与恩禄约定，答应土目郭勒诸夷继续占据孟养，又立石以金沙江为界。之后王骥才匆忙班师回京。这次征讨花费大量财力、物力，收获甚微。

明代山西多壁画

明代的壁画艺术，无论从规模和数量上都无法和全盛时期的唐宋壁画相比，但依然有不少的壁画著作问世，特别是在山西地区，出现了不少绘制技艺高超，反映内容较为丰富的壁画作品。

山西稷山青龙寺腰殿的壁画是山西地区壁画一个较有代表性的例子，此壁画完工于明代初年，由绛阳石村画师刘士通率领其长子刘存德、次子刘存

明《圣母起居图》（后宫燕乐）

明佛本行经变（赐太子帽）

让及门人仁杨绘制而成，整幅壁画反映内容极为丰富，上至天宫、间启人间、下到地狱，无所不包。此壁画包括东、西、南、北四面墙壁，其中东壁绘有帝释天众、元君圣母、五方五帝、普天列曜星君、鬼子母、十二元神、四海龙王等；西壁绘有梵王圣众、玉仙圣母、五岳帝君、雷电风雨众神、真武真君、苗药林木诸神等，南壁东侧绘有四大明王、往古后妃文武等，西侧有四大明王、往古贤妇烈女等；北壁内容更为丰富，西侧绘有阴曹地府，门旁供养二人，题"功德主黠惠菴"，东侧则绘上六道车轮回，门旁供养一像，题"厉德主体自然"。

明稷益庙壁画

　　山西新绛稷益庙是山西壁画的另一个代表作，该壁画完工于正德二年（1507），由绛州画师陈圆及其侄子陈文、翼城画师常儒及其子常棨、常耜及门人绘制而成，此壁画主要是为了纪念古时为人类造福的后稷、伯益、大禹而作，整幅壁画也以后稷、伯益、大禹为中心，以殿台楼阁的背景，逐步向外展开，四周是文武百将及手持农具五谷的群众，衣着朴素，满面胡须带有浓郁的山西特色。

　　明代山西壁画作为一个地区性的艺术流传保存至今，对于研究山西的明代文化有一定的价值。

明中叶出现资本主义萌芽

随着明朝商品经济的活跃，社会分工得到发展，并由于推行《一条鞭法》带来的封建人身关系的松弛，从而市场上出现了自由劳动力买卖，雇佣关系得到发展，这些都为资本主义的萌芽创造了条件。

明朝中叶，即15世纪后，资本主义萌芽首先出现在江南地区的手工业中。工场手工业是手工业中资本主义萌芽的主要形式。杭州丝织业发达，许多机户开始雇佣纺织能手，付以一定的工资，丝织业中雇佣关系就此出现。

在明朝后期的苏州，机户甚至发展到3万家以上，受雇织匠的数量相当

常熟翁氏旧藏明人画《南都繁会景物图卷》

可观。机户一般出机，而机工出人力，完全脱离了生产资料，成为一无所有的劳动者。他们在一定程度上摆脱了政府的控制，是可以随意出卖劳动力的自由人。他们与依靠占用生产资料进行剥削的机户之间纯粹是一种资本主义性质的货币关系。

在矿冶业方面，随着民营矿业的发展，出现了不少规模较大的冶铁手工工场。在这些工场中，也出现了资本主义萌芽。如在徽州，有资本的富户租赁矿山，寻找矿穴，招集百姓，付以工资，促使他们炼铁以赚取利润。而在广东，冶铁业规模更大，从开矿、烧炭、冶炼到运输，形成了完整的生产线。这些工场中的劳动者都是雇佣而来的，与雇主之间具有资本主义雇佣劳动的性质。

明代后期，出现了一些拥有巨资、雇工很多的大型油坊，从中产生了资本主义生产方式的萌芽。这方面最突出的当推浙江嘉兴府崇德县石门镇的榨油业。万历年间，该镇共有油坊20家，雇有工人800余人，干一天活，可挣二铢的工资。很明显，这些油坊中的工人都是雇佣而来，丧失了土地，成为纯粹依靠出卖劳动力为生的无产者。他们与坊主没有任何的人身依附关系，油坊主人完全可以脱离劳动，依靠剥削雇工的剩余价值为生。类似这样的在其他地区榨油作坊亦有，如苏州吴县的新郭及横塘一带，就有不少人开设榨油作坊谋利。

农业中的资本主义萌芽主要表现为富裕农民或富裕佃农雇工经营商品性生产、地主雇工经营商品性生产和商人租地经营农业三种形式。主要地区是在苏、杭、嘉、湖等商品作物种植比较发达的地区。雇工们多数来自因地主兼并土地、官府征赋派役或在竞争中破产的农民。雇主雇工多者数十人，少者三四人。雇工按受雇时间长短分为长工、短工和忙工，受雇期间必须日夜为雇主照看田地。总之，明中叶不论是在手工业中还是在农业中都出现了资本主义的生产关系。

明代中叶中国出现的资本主义萌芽尽管局限于少数地区和行业，在整个社会经济中只不过是晨星数点，地位微不足道，发展也很缓慢，但它标志着古老的封建社会已经走向没落。

兰茂著《滇南本草》

明代兰茂约于正统元年（1436）撰成《滇南本草》。

兰茂（1397~1476），字廷秀，号止庵。河南洛阳人，后来迁至云南嵩明。从少年时代起就爱好本草，后因其母长期生病，便更加钻研医药学。他广泛收集滇南地区蔬菜草木中可以作药用的，然后分类辨性，绘成图形，汇集成《滇南本草》，共3卷。书中记载云南地方药物400余种，大多为当地特产药物，并为一般本草学著作所未载者。还记载了一部分滇南地区少数民族的医药经验，附有治疗验案和经验方，为研究古代南方地区药物和民间医学的重要参考文献，也是研究少数民族医药不可多得的珍贵资料。

《滇南本草》撰成后并未刊行，仅以手抄本流行。嘉靖年间，滇南范洪应用《滇南本草》附方获得疗效，遂将其抄本进行整理，再加进自己的见解，并精心绘制药图，撰成《滇南本草图说》12卷。清代晚期，管暄、管浚兄弟又先后对该书加以整理、重订，并付梓刊行。成书后，出现了多种抄本和刻本。其中清光绪十三年（1887）

明吕纪绘《桂菊山禽图》，画中的桂、菊和山禽（喜鹊、雉等）均可入药。

昆明务本堂刻本计 3 卷，载药 458 种。1914 年云南丛书本计 3 卷，收药 280 种。李时珍当时没有见到该书，因而有不少药物资料未能利用。直到清代晚期吴期浚编撰《植物名实图考》才充分引用《滇南本草》资料，竟达 70 多条，可见其学术价值和影响之大。

明代医学著作较多，《滇南本草》是现存最早的、较完整的、很有特色的地方性药物专著，对后世中医药学影响较大。

明代出版印刷事业极盛

明代的刻书事业，在宋、元两代发展的基础之上，得到了蓬勃发展，远远超越了以往历代，成为我国出版事业和印刷技术发展史上的极盛时期。

明代由于各级官府重视，官刻本盛行。与此同时，刊刻精良的私家刻本也盛行一时，坊刻本广泛分布，印刷装帧技术日益完善，这些导致了集编、刻、售三位一体书业专行的出现。

明代官刻书以内府刻本、监本和藩刻本为代表。内府刻本指宫廷刻书，由司礼监宦官主持，附设经厂，其刻书多为制诏律令及经史文集。嘉靖年间经厂的工匠有 1200 人之多，刊字匠 315 人，刷印匠 134 人，裱褙匠 393 人，摺配匠 189 人，裁历匠 80 人，黑墨匠 77 人等。司礼监刊书目达 139 种，但经厂本不大为读书人及藏书家所重视。监本即国子监刻本。明代南京、北京皆设国子监，

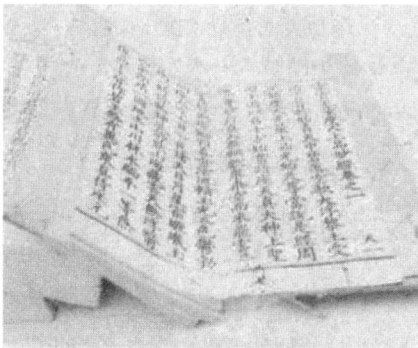

明版《度人上品妙经》

明刻本《张小山小令》

万国来朝时期

明刻本《元文史》

故分南监本和北监本。南京国子监除接收两湖书院藏书版外，还接收了元集庆路儒藏的各种书版，所以其重印图籍最著名。北京国子监刻书数量质量较南京差，所刊刻《十三经注疏》为北监最重要之刻书。总计南监刻书约达271种，北监刻书有41种。藩刻本为明王朝分封的各个亲王府所刊刻之书。藩刻本刻书量多，校刊精当，成为明代官刻的特色。嘉靖年间晋藩所刻诸总集，万历年间吉藩所刻诸子，崇祯年间益藩所刻诸茶书被称为藩刻三大杰作。

除了官刻书，明代私家刻书风气甚盛。许多刻书家极富藏书，对保存和传播古代古籍贡献突出。明初私刻书本不多，但到了中期，私刻异常风行。而明代后期，私刻愈加繁荣，其中最著名的藏书家和刻书家集一身的当推常熟毛氏。毛晋自明万历至清顺治四十多年间共刻书600余部之多，其所刻如《十三经注疏》、《十七史》、《文选李注》、《六十种曲》、《津逮秘书》等均为宏篇巨制，另如《三唐人文集》、《四话人集》、《五唐人集》、《元人十集》、《宋名家词》等均为雕刻精良的宋版翻雕。毛氏刻书版心下方都印有汲古阁或绿君亭的标记，现在许多图书馆都藏有汲古阁刻本。明代的私家刻书多集中在江、浙两省。

由于明王朝取消了书籍税，同时对手工业者采取宽松政策，使得许多老字号的书坊得到了发展。书坊所刻图书品种多，数量大，以人们日常所需的各种医书、科技书、经史书以及文学作品和通俗读物为主要内容，但质量不及官刻和私刻。

《云笈七笺》四库丛刊本

明代福建建阳的崇化、麻沙两镇书坊林立。崇化镇每月以一、六日为集，那天则书商云集，甚为繁华。南京地区的刻书在全国也占有重要地位，共有书坊近60家，其中以唐姓几家最为著名。虽然明代的雕版印刷技术发展到了顶峰阶段，然而不论在官府还是在私人藏书家中，抄书仍被视为藏书的重要手段。明成祖永乐年编成的《永乐大典》，就有手抄副本一套。抄写本对收集、保留古代文献，使之流行公布于世起了重要作用。由于许多手抄本一直未付刊印，其价值弥足珍贵，历来为后人所珍视。

明代印刷和装帧技术日益完善。首先是铜活字印刷得到普遍的应用。无锡华氏、安氏两家的铜活字印书最有名。明代的木活字也较元代更为流行，可考的约100余种。版画、套版、锴版和拱花技术也达到了很高水平。明代中晚期我国版画鼎盛，形成了不同风格的各种流派。如粗放的建宁派，疏朗生动的金陵派和精致婉丽的徽州派版画，都极富盛名。同时套印术发展迅猛，出现了三色本，四色本甚至五色本，饾版和拱花技术也相继问世，使我国雕版印刷技术达到了登峰造极的地步。明代中期书籍的装订产生了线装，并且所刻字体极力摹仿宋体，字体横轻竖重，方方正正，行格疏朗，成为一时风尚。

随着出版及印刷技术的鼎盛，出现了集编、刻、售三位于一体的书业专行。福建建阳的很多书坊最具代表性。这些书业专行刊行大量的医书和小说，而且有些书附有插图，图文并茂，深受读者欢迎，行销海内外。

景德镇发展为中国瓷业中心

中国制瓷工艺发展到明代，进入到以彩瓷为主的灿烂的黄金时期，尤以景德镇名闻天下，成为中国瓷业的中心。瓷窑从元代的300余座猛增至3000余座，洪武二年（1369）建立的御器厂，号称"天下窑器之所聚"（《二酉委谭》）。所谓"有明一代，至精至美之瓷，莫不出于景德镇"。景德镇"工匠来四方，器成天下走"。景德镇瓷器风格之多、质量之高、产量之大、技艺之精、影响之大，均属全国之最。宋应星《天工开物》卷七"陶埏·白瓷"条说：全国瓷器"合并数郡，不敌江西饶郡产，……中华四裔，驰名猎取

明红釉盘

明青釉三系盖罐

者，皆饶郡浮梁景德镇之产也"。虽然河北彭城（今邯郸）、浙江龙泉、福建德化、江苏宜兴都有不同特点的大量生产，但总不如景德镇之全面发展。特别是彩瓷、青花瓷及色釉瓷烧造成就更为显著。

景德镇制瓷技术的主要成就是：创造了"脱胎"瓷器，永乐时期（1403～1424）的薄胎瓷器便达到了"半脱胎"的程度，成化之后，制胎技术更趋成熟，器壁几薄如纸，酷似"脱胎"；发明了吹釉法，其具体操作是：用竹筒一节，一端蒙纱后浸入釉中粘釉，之后再将釉浆吹到坯面上，先在里面吹釉，干燥后将外面坯体削薄，再在外面吹釉，使施釉更为均匀，而不会损坏坯体。薄胎和脱胎瓷器常用此法。釉下青花术普遍发展起来，成为全国瓷器生产的主流；釉上彩达到比较成熟的阶段，开创了釉下青花和釉上多彩相结合的新工艺。高温单色釉和低温单色釉技术有了较大的提高，其优秀品种如永乐宣德时期的铜红釉、钴蓝釉，正德时期的孔雀铜绿和弘治铁黄釉，就充分显示了明代景德镇窑工的高超技艺。筑窑技术也有了重大发展，成功地构筑了倒焰式馒头窑，并创造了阶级式龙窑。

景德镇的瓷器品种有青花瓷、点彩、釉上彩、斗彩、五彩等。按照年代的不同，则又可分为洪武窑、永乐窑、宣德窑、正统窑、景泰窑、天顺窑、成化窑、弘治窑、正德窑、嘉靖窑、隆庆窑、万历窑、天启窑、崇祯窑等。洪武窑出的青花一般色泽偏于暗黑，在图案装饰方面多留白地，菊花纹使用较多。如上海博物馆藏有洪武釉里红缠枝菊纹大碗，形制硕大，满绘釉里红菊花纹，是典型的洪武之作。永乐窑造型优美俊秀，体胎厚薄适度，仪态万方。

明釉里红缠枝菊纹大碗

明青花红彩龙纹碗

065

器型有受外来影响者，如无档尊、执壶、花浇、折沿盆等，有的还有阿拉伯文字。所造甜白釉半脱瓷器是景德镇单色釉瓷器发展过程中的一大进步，不仅釉汁细腻洁白，且胎骨极薄，似乎只见釉层不见胎，能映见手指螺纹，还可看到上面刻画的云龙花卉和暗款。永乐时期的青花瓷器以其胎、釉精细，青色浓艳、造型多样和纹

明代景德镇瓷器御制厂

饰优美而负盛名，被称为青花瓷生产的黄金时代。宣德窑器物造型多种，独出心裁，制作精工，细腻坚实，不易破裂损伤，器型敦厚，大小器物都很精美，在选料、制样、画面、题款上都极为讲究。宣德红釉被誉为宝石红釉，釉水莹厚如脂，色艳宝光四射。天顺窑造型稳重秀美，回纹、书法亦颇遒劲可喜。成化窑烧制成功斗彩，既比青花富丽，又较五彩柔和，形式之美过于宣德窑。其青花瓷在图案装饰上趋向于轻松、愉快之感。点染描绘，淡雅沉静，各臻其妙。正德窑的突出成就是创制了"素三彩"新品种，其特征是不用红色，在素瓷胎上直接施釉。孔雀釉瓷的烧制是正德窑的又一成就。嘉窑大量烧造大龙缸、座墩、大罐、葫芦瓶和大盘等，并创制了大型花瓶，其釉彩和花样都很丰富。隆庆窑之青花和五彩可媲美成化窑，而青花则不如嘉靖窑，其精品有青花团龙纹提梁壶、五彩荷莲水鱼缸和五彩凤纹六方罐等。万历窑器型多样，数不胜数。精致之品有九龙盘、五龙四凤盘和蓝地白色花果盘等。崇祯窑仅有民窑，其装饰富有民间色彩和乡土气息。青花瓷器上的禽兽、虫鱼的写意笔法有八大山人风格，突破了历来官窑图案的规范化束缚。

1441 ~ 1450A.D.

明朝

1441A.D. 明正统六年

正月，以兵部尚书王骥总督军务，宦官曹吉祥监军，发兵十五万击麓川恩任发。

十二月，王骥等攻下麓川，恩任发走孟养。

1444A.D. 明正统九年

二月，王骥俘恩任发妻子，以其地立陇川宣慰司。

三杨之一大学士杨士奇下狱死。

1445A.D. 明正统十年

三月，麓川恩机发遣使入谢。

是岁，瓦剌也先侵哈密，又破兀良哈三卫，远胁朝鲜，谋大举入犯。

1447A.D. 明正统十二年

七月，命诸边练军防瓦剌。十月，矿民叶宗留起事，称大王，攻政和等处。

1448A.D. 明正统十三年

二月，王振重修庆寿寺，役军民万余人，费钱数十万。三月，命王骥击麓川恩任发。

叶宗留大败官军于处州，十一月，又大败官军于玉山，逐入江西。

1449A.D. 明正统十四年

大发兵击叶宗留等。四月，叶宗留为陈鉴胡所杀，陈鉴胡建国号太平，建元泰定，自称大王，旋降。

七月，瓦剌也先入犯，英宗亲御之。以弟郕王祁钰留守，八月，英宗至大同，还至怀来县土木堡，也先兵至，被俘，文武官扈从者多死。败耗至京。郕王监国，九月，遂即帝位，尊英宗为太上皇。

1450A.D. 明代宗景帝朱祁钰景泰元年

七月，贵州苗首领王阿同等败死。遣使于也先，迎太上皇，八月，至北京，居南宫。景泰蓝流行。

1443A.D.

在教皇尤金四世之号召下，东欧各国组织一抗土十字军。包括匈牙利、波兰、波斯尼亚、瓦拉几亚与塞尔维亚。由洪约提统率，于夺回尼施后，进至索菲亚。牟拉德二世被迫与匈牙利王夫拉地斯拉夫订立《塞该丁》条约，休战十年。塞尔维亚重获独立，而瓦拉几亚则归并开匈牙利。

1449A.D.

英法百年战争之末期自本年始。法国在诺曼第与布列塔尼夺回土地甚多。

北京复称为京师

　　明朝初年以南京为都，建有应天府。永乐元年（1403），明成祖在北京建顺天府，称为"行在"。为抵御北虏入侵，成祖有在北京定都之意，永乐十九年改北京为京师。

　　洪熙初年，明仁宗想迁都回南京，又命北京诸司仍称行在。

　　正统六年（1441）九月，奉天、华盖、谨身三殿及乾清、坤宁宫建成。同年十一月一日，明英宗正式定北京为京师，撤销原来北京行在之称。朝廷

北京城东南角楼

宴请文武百官，大赦天下。永乐以来宦官不能参与外廷宴请的惯例，在这次宴会中被王振所破，百官称王振为"翁父"，纷纷诌侍。

改北京为都后，原在南京的府、部、司、寺、院、局为示区别都冠以南京二字，改官印。

况钟去世

正统七年（1442）十二月，苏州知府况钟去世，享年59岁。

况钟（1384~1442），字伯律，江西靖安人。幼年读书，因为家贫不能进取功名，在县衙当书吏。永乐十三年（1415）九月，况钟赴京，得到吏部尚书吕震赏识推荐，被授予吏部主事之职，后迁为郎中。

宣德五年（1430），况钟被明宣宗委任为苏州知府，并赋予他当兴当革，不必事先奏请的特权。况钟一到任就采取了一系列改革措施，除奸吏，废烦苛，重学校，礼文儒，兴利除害。深受百姓爱戴。正统六年（1441），况钟任限已满，本应迁往别处，然而苏州吏民2万余人向御史张文昌请求让况钟留任。明英宗采纳民意，诏况钟进三品，留任苏州。

况钟逝世后，吏民为之立祠，另著有《况太守集》。

况钟像

069

太皇太后逝世

正统七年（1442）十月，太皇太后张氏去世，与仁宗合葬献陵。

张氏，永城人。明仁宗的皇后。洪武二十八年（1395）封为燕世子妃，永乐二年（1404）封皇太子妃。仁宗即位，立为皇后。宣宗即位，尊为皇太后；英宗即位，尊为太皇太后。

张氏妇道谨严，极懂礼法。宣德初年，军国大事多由张氏裁决，但其虽掌大权，对家人规矩极严，不许参与国政，以免外戚之乱。英宗即位时年龄尚小，张氏垂帘听政。她罢除一切不急之务，劝小皇帝向学，任用贤良之臣。此时太监王振极得英宗宠幸，但慑于太后之威，始终不敢专揽大政。太后垂帘期间，委任三杨等旧臣，政事悉归台阁，使得正统初年出现升平景况。

太皇太后死后，有遗诏劝勉诸大臣忠心辅佐英宗之语，口气甚为诚恳。

太皇太后的死使太监王振开始无所顾忌，陷害异己，干预朝政。正统七年冬天，王振盗取洪武年间置于宫门的天尺铁碑，上铸有"内官不得干预政事"8字，将其毁弃。

明廷设建州右卫

正统七年（1442），明廷分置建州右卫。明初，为加强对东北地区的管辖，设置了卫所，卫所指挥由明朝政府任命，职位世袭。卫所须服从朝廷法令，听从调遣。

永乐元年（1403）设建州卫。永乐十年（1412）设建州左卫，以猛哥贴木尔为指挥使。正统年

建州卫指挥佥事上明廷奏章

间，两卫部众分别迁居辽宁新宾县境。正统七年（1442），猛哥贴木尔之弟范察与其子董山争立，于是明朝廷降诏董山、范察同为都督同知，用董山统领左卫，另外又分出右卫，让范察统领右卫。这样，出现了"建州三卫"。

太监王振势力日盛

随着太皇太后张氏逝世，太监王振势力日渐强大，开始参与政事，为害朝廷。

正统八年（1443）六月，王振因大理寺少卿薛瑄不肯对其趋拜逢迎，捏造罪名将其罢黜为民。同年七月五日，王振又捏造罪名将国子

建州卫指挥佥事上明廷奏章

监祭酒李时勉、司业赵琬、掌馔金鉴私下逮捕，捆绑于国子监门前，时值盛暑，王振枷3人3日还不肯释放。国子监诸生员3000集会请愿，使英宗知晓，明英宗立即将李时勉等释放。经此一事，英宗有所警醒，重新声明严禁内官勾结外廷。但王振威势仍有增无减。

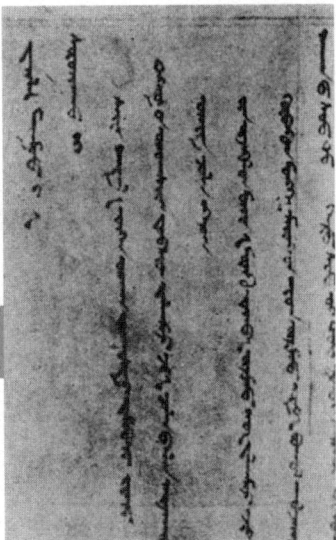

正统九年（1444）七月，驸马石璟责骂本府的太监，被王振怀恨伤其同类，陷其入狱。十月，王振又因监察御史李俨见而不跪，陷其下狱，后贬戍铁岭卫（今辽宁铁岭）。正统十年，王振专权日甚一日，朝臣无人敢发一句微词。锦衣卫兵士王永心怀不平，将王振行恶之事一一列举，写成传单，贴在交通要道及王振侄子王山家，但被巡察兵士捉获，被王振磔死。七月，霸州知府张需因为宦官扰民，鞭笞他的兵丁，触怒王振，被王振逮捕下狱，被贬流放。

正统十一年（1446）正月十三日，明英宗赏赐司礼太监王振等，并让王振侄儿王林世袭锦衣卫指挥佥事，其他宦官之侄也都有世袭。开了宦官世袭官职风气之先。

正统十三年（1448）二月，王振重修元初建于西长安街的庆寿寺，劳役军民万余人，花费数十万。

大学士杨士奇、杨溥去世

杨士奇、杨溥,明中期著名大臣,与杨荣并称"三杨"。三杨公正清廉,忠于职守,朝野威信极高。

杨士奇(1364~1444),名寓,字士奇,江西泰和人,为"三杨"之首。历任编修、侍讲之职。永乐十五年(1417)迁翰林学士。仁宗即位时,升为礼部侍郎兼华盖殿大学士,不久又提为少保、少傅。英宗即位后,太皇太后任用杨士奇、杨荣、杨溥,凡事均请三人咨议,然后裁决。杨士奇辅政,重边防,慎刑狱,严百司,颇有政名。正统三年(1438),杨士奇进为少师。太监王振专权时,杨士奇亦无法可制。正统九年(1444)三月十四日,杨士奇逝世,享年80,赠太师,谥文贞。有《三朝圣论集》、《历代名臣奏汉》、《及东里集》等著作。

杨溥(1375~1446),字弘济,湖北石青人,建文二年(1400)进士,历任编修、太子洗马、太常卿等职。宣宗即位时,杨溥入内阁,与杨士奇等共同处理机务。宣德九年(1434),升为礼部尚书。正统三年(1438),进少保,武英殿大学士。杨溥刚直廉正,颇有政名。正统十一年(1446),杨溥逝世,享年75,赠太师,谥文定。

杨士奇像

杨溥像

杨荣已死，现杨士奇、杨溥又死，朝廷更无良臣，加之王振权势日甚，朝政更为宦官所乱。

叶宗留、邓茂七起义

正统九年（1444）七月，处州平民叶宗留与王能、郑祥四、苍老头、陈鉴胡等私开福安矿（今福建福安）与官府冲突，杀死福建参议竺渊而反。及至正统十三年（1448）四月，又有邓茂七在福建宁化率佃民反抗勒索而起义，全国民众暴动此起彼伏。

叶宗留活动于福建浙江及广东、江西一带。正统十一年（1446）三月，明英宗派遣御史柳华前往镇压叶宗留。柳华编民为甲，选豪者为长官，并让他们自备兵器，巡逻防范，围剿叶宗留义军。在围剿中，王能等35人投降，郑祥四、苍老头等300余人被诱杀。叶宗留率众撤退，重新组织力量，开始正面反抗明军。叶宗留注意训练军队，整顿纪律，使义军迅速壮大。义军先攻取江西铅山盘岭为根据地，正统十三年（1448）七月，又大破官军于处州，杀都督陈诏，十一月，破官军于玉山，叶宗留在战斗中牺牲。部队由叶希八率领，继续斗争。由陈鉴胡率领的一支义军攻破浙江松阳龙泉，自号"太平国王"。正统十四年，陈鉴湖向朝廷投降，景泰元年（1450），叶希八也投降明军。历时六年的起义完全失败。

正统十三年（1448）四月，江西建昌人邓茂七与陈政景在福建宁化率众抗勒索，受300官军围攻，杀死官兵、巡检、知县起义，攻打沙县、龙溪等处，声势日益盛大。当时有尤溪人蒋福成在十数日内聚众万余人，占领尤溪，与邓茂七响应。邓茂七在沙县陈山寨建立政权，自号"铲平王"。义军攻破泉州，攻占20余县。

明政府惊惧，派金都御史张楷、宁阳侯陈懋等率4万余众利用蒙古、回族精兵前往镇压。正统十四年（1449），邓茂七因内奸出卖，中计被杀。其余部拥立邓茂七之子邓伯孙以九龙山为根据地，继续战斗。同年五月，邓伯孙中计，遭官军袭击而被俘牺牲。其部将冒丕、廖宁等余部转移到深山之中，等待时机。第二年，余部也被民军诱杀，起义失败了。

沙州卫废除

正统十二年（1447），沙州卫废除，肃州（今甘肃酒泉）屏蔽削弱，边境日渐多事。

沙州卫（今甘肃安西以西）设置首领昆济楞、迈珠为指挥使。宣德年间，沙州屡次被罕东、西番侵掠，难以安生，因此有迁徙之心，然而朝廷不许。

英宗时，瓦剌势力强大，沙州更难以自立，首领昆济楞畏惧瓦剌，向英宗陈述饥窘之状。英宗准许他迁徙苦峪。

明拆装式硃砂印本藏文《甘珠尔》经

从此昆济楞不再回沙州，独居苦峪。其部众无人管束，多逃入哈密、赤斤。正统九年（1444）昆济楞去世，其两个儿子讷格、恭罗凌戢争夺权位，致使部众叛散，讷格部下多想投奔瓦剌。甘肃总兵任礼奉谕安抚，让讷格率众迁徙边塞以内，居住于甘州，共有200余户，1000多人。

正统十二年（1447）三月，英宗下诏令其部迁徙山东，屯居清平、博平二县。于是沙州卫废除。

当初，明太祖、明成祖依次设置哈密、罕东、赤斤、沙州四卫于嘉峪关外，为的是保卫西北边陲。因为沙州的废除，其他三卫也不能自立，西陲从此边患增多。

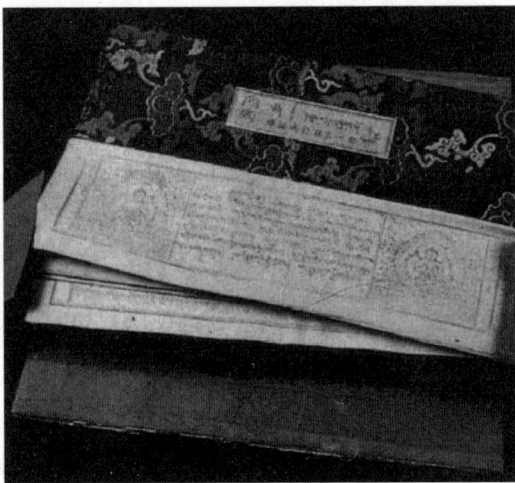

《正统道藏》修成

正统九年（1444），《正统道藏》修成。

明成祖即位之初（1403），即敕令编修道藏。由第四十三代天师张宇初、第四十四代天师张宇清相继主持。经道士邵以正督校，在道士涂省躬、喻道纯、汤命文等人参与下，至正统九年（1444）终于修成，名曰《正统道藏》。

道藏是道教经典的总汇。道经的汇集，始于六朝。汇辑成"藏"，则在唐开元中。宋初有《大宋天宫宝藏》和《崇宁复校道藏》。藏经刊印始于宋徽宗政和中的《万寿道藏》，以后金元各藏都以此为蓝本。明洪武时设在教院，后改设道录司，设有左右正、左右演法、左右至灵、左右至义各2人，设官而不给俸，隶属礼部，专门负责道教的有关事宜。其后，又有"十一真人"、"高士"等道士封号。道教势力颇为兴盛。永乐初，朝廷即开始组织编修道藏。

《正统道藏》共5305卷，480函，按三洞（即洞真、洞玄、洞神）、四

《道藏卷首图》

辅（即太清、太平、太玄、正一），十二（即本文、神符、玉诀、灵图、谱录、戒律、威仪、方法、众术、记传、赞颂、章表）编排，以《千字文》为函目，自天字至英字，每函分若干卷，每卷为一册。所收道书，已重行分卷，原有选书缺短，则合并成一卷，为梵夹本。编纂《正统道藏》时，因搜罗不周，缺漏颇多。

万历三十五年（1607）第五十代天师张国祥又奉旨编成《万历续道藏》，仍以《千字文》为函次，自杜字至缨字，共32函，180卷。两藏共收书1476种，内容非常庞杂，除道家经书外，还收录诸子百家部分著作。

《正统道藏》的修成，不仅保存了大量道家经典，为以后研究道教提供了大量历史文献资料，而且为研究中国历史、哲学、文学艺术以及医药、化学、天文、地理等亦提供了宝贵的资料。

明英宗征瓦剌被俘于土木堡

元灭时，蒙古贵族退至蒙古草原及东北各地，经过朱元璋的征讨，蒙古分裂为三部，即兀良哈部、鞑靼部、瓦剌部。瓦剌经过长期发展，势力增强，瓦剌首领也先统一蒙古三部，并有吞并中国之心。

明正统十四年（1449）三月，瓦剌虚报进献马匹，贡使人数，妄想多得赏赐，遭明廷拒绝，也先大为不满。又要求明廷将其公主嫁于也先之子，又遭到斥责。也先大怒，于同年七月分东、西、中三路进攻中原，明朝官军纷纷溃败，北疆告急。

明英宗朱祁镇像

败报传来，京师震惊。太监王振怂恿明英宗亲征蒙古，明英宗不顾廷臣百官苦苦相谏，轻率答应亲征。七月十五日，英宗下诏亲征，命郕王（朱祁钰）留守，十六日，大军出发，文武官吏仓猝上路。因事出仓促，军伍不整，粮饷不齐，军卒情绪甚低。

土木堡城门

阁臣张益、曹鼐见难以劝动英宗，遂有杀王振之心，但无人敢响应。

八月一日，英宗兵至大同，也先佯败，诱敌深入，因前方败报仍频频传来，英宗决定回师。八月三日开始回撤。王振起先建议由紫荆关经过蔚州返回，让英宗临幸其家，但行 40 里后又怕兵马踏坏其土地上的庄稼，又原路

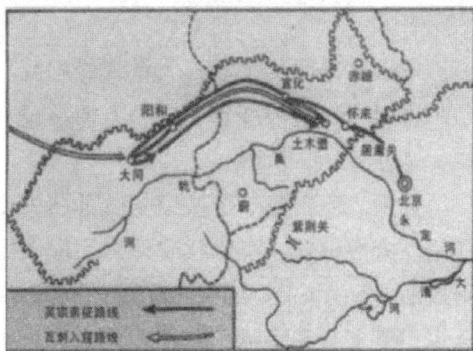

土木堡之变双方进兵路线图

折回东行至宣府。十日，英宗退至宣府，被也先军追上，于是向土木堡撤退。十四日，英宗率军至土木堡。尚书邝埜上言英宗不要过多停留，早日入关，但英宗不听，停驻土木堡，立即被也先率军包围。也先合围后，明军无水可饮，陷于困境。也先又遣使诈言请和，诱使明军移营出城，瓦剌军趁机四面攻入。明军仓猝间人马蹂藉，死者无数。明英宗突围不出，被俘。战斗中，护卫将军樊忠锤死太监王振。此一战役，明军死伤数 10 万，文武官员死伤 50 余人。

英宗被俘消息传到京城，京城混乱。廷臣为应急计，合请皇太后立郕王即皇帝位。皇太后同意众议，但郕王推让再三，此时有英宗使者到来，令郕王即位。郕王于九月六日登基，以次年为景泰元年，奉英宗为太上皇。

瓦剌也先自从捕获明英宗，遂大举入侵中原。以送太上皇为名，令明朝各边关开启城门，想趁机攻取城池。

也先拥英宗进犯宣府，传英宗之令命守将开启城门，但遭守将拒绝，也先无可奈何，引兵而去。正统十四年八月二十一日，也先挟持明英宗到大同城下索收贿赂，然而守将都督金事郭登闭门不纳。明英宗亲自遣人责问郭登，要他出城进见。郭登与广宁伯刘安、给事中孙祥、知府霍瑄等出城拜谒英宗，并送黄金 2 万余两于英宗，英宗全部交给了也先。也先率军长驱直入，十月八日至阳和，攻陷白羊口，抵紫荆关，又攻紫荆关，居庸关，直取北京。

于谦保卫北京

也先擒得明英宗后，大举入侵中原。明廷一方面作好迎战准备，另一方面整顿官吏统一思想，力图稳固后方。

首先，郕王平息南迁之争。土木堡一变，使京城人心惶惶，有翰林院侍讲徐珵大提出南迁都城。尚书胡濙、兵部侍郎于谦极力反对此说，要求坚守京师，号召各地武装力量勤王救驾。郕王认同胡濙、于谦意见，怒叱徐珵，南迁之事由此解决。

于谦像

随后，于谦主持运送通州仓库的粮食入京。于谦命令京师军士能运粮者，依数量给予赏赐。正统十四年（1449）八月，又调两京、河南、山东等地军队进京防务。京师粮足兵精，人心稍安。

为加强战备，巩固后方，正统十四年八月二十一日，右都御史陈镒及其他诸大臣请求郕王清除王振党羽，以安军民之心。郕王犹豫不决，不愿施行。户部给事中王竑、刑部给事中曹凯一同立起，抓住王振党羽锦衣卫指挥同知马顺的头发，用口咬其皮肉，并和众臣一齐诛杀马顺。群臣又在朝廷上杀太监金英。王振侄儿王山也被绑入廷中，磔杀于市。郕王于是下令将王山及王振族人一律斩首，并查抄王振家，得珍玩金钱无数。

正统十四年十月六日，瓦剌也先挟持英宗入犯北京，京城告急，北京保卫战开始。明景帝诏命各地诸王率兵入京，又命兵部尚书于谦提督诸营，全权负责守战之事。于谦分遣诸将率兵22万，列阵于京城九门之外，并亲自与石亨在德胜门设阵，以挡敌人前锋；都督陶瑾陈兵安定门，广宁伯刘安坐镇东直门，都督杨节布阵宣武门；武进侯朱瑛陈兵朝阳门。同时九城城门全部关闭，士卒在门外拒敌，不准有反顾之念。十一日，也先逼近京城，列阵西直门，被都督高礼、毛福寿大败。十二日，也先索要金帛上亿，提出议和，于谦坚决拒绝。十三日，于谦派骑兵引诱也先，也先率数万众逼近德胜门。明朝伏兵趁机冲击，神机营火器齐发，败也先于城下。也先又转攻西直门，都督孙镗斩其前锋数人，城上守军发箭炮支援，也先溃退。京师之围解除。

郭登破敌于沙窝

景泰元年（1450）闰正月，瓦剌首领也先率军进犯宁夏，不久又骚扰大同。大同总兵郭登率兵迎击，大败也先于沙窝。

当时也先部众到沙窝驻扎后，郭登与部下相议出击。部将之中，有人以敌众我寡建议退兵，郭登极力反对，认为士兵一退，则士气全消，人马疲倦，敌军一旦追击，形势危险。为鼓动士气，郭登下令：敢言退兵者斩！奋勇直前，直攻也先大营，诸将随后，呼声震山谷，大破敌军。也先溃败，明军乘胜追击40余里，又在栲栳山大败也先军队，斩敌军200余人，得也先，俘获人畜

800 多。

自明军在土木堡失败，明朝边将没有敢与也先交战的。沙窝一战，郭登以 800 人破敌数千骑，振奋了明军声威，长了民族志气。朝廷因此封郭登为定襄伯。

《韵略易通》编成

明正统七年（1442），云南嵩明人兰茂著成《韵略易通》一书。它是一部反映当时口语语音，通俗实用，带有启蒙性质的韵书。

兰茂认为前代韵书"音切隐奥"、"方言不一"，体制繁杂，训解繁琐，多洋洋数十万言，一般人既不得其解也不易通览，因而，他以云南说话音为标准语音，收"应用便俗"字样，从简释音。

《韵略易通》全书共分 20 韵：东红、江阳、真文、山寒、端桓、先全、庚晴、侵寻、缄咸、廉纤、支辞、西微、居鱼、呼模、皆来、萧豪、戈何、家麻、遮蛇、幽楼。前 10 韵平、上、去、入俱全，后 10 韵无入声。它与《中原音韵》不同处在于：平声不分阴阳，且保留入声；韵目用字略有不同，而且将《中原音韵》的"鱼模"韵，分为"居鱼"、"呼模"两类。

《韵略易通》最大贡献，也是全书一大独创的是兰茂对旧有 36 字母的删并，共分 20 声类，并且用《早梅诗》一首："东风破早梅，向暖一枝开，冰雪无人见，春从天上来"来概括，诗中每一个字代表一个声类。在这个声母系统中，全浊声母已经消失；卷舌声母最后形成，这对考定《中原音韵》的声类有重要的参考价值。同时，这种用诗标识声类的方法新颖别致，通俗易懂，为许多后代学者所仿效。

《韵略易通》记录的语音对研究云南方言语音演变的历史有很大参考价值；且由于云南方言与北方话有很近的亲属关系，对研究当时北方话的现状及其发展也有一定参考价值，尤其是对研究《中原音韵》有直接的作用。

此书虽不为明、清以来的文人学士所接受，但它作为启蒙性、通俗实用的韵书对音韵学的普及起了积极的作用。

北京建成观象台

现存于北京东城建国门西南角的古观象台建于明代正统年间（1436~1449），但其台址和仪器与金、元两代司天机构的兴废有关。

正大四年（1127），金兵攻陷汴京（开封），将北宋天文仪器运到金国都城——中都，在那里建立观察天象的机构。元灭金，中都受到战火破坏，便在中都的东北郊新建大都。

至元十六年（1279）春，元世祖下令在大都城内东南角，即现存的北京古观象台附近，建造太史院和司天台，由元代天文学家郭守敬等设计，尼泊尔著名匠师阿尔哥参与铸造仪器。元朝灭亡后，天文仪器都被运往新都南京，金台和元台荒废。

明永乐四年（1406），明成祖朱棣决定迁都北京，天文仪器则仍留在南京，故钦天监人员只能在北京城东南城墙上仅凭肉眼观测天象。正统二年（1437），钦天监派人去南京，用木料仿制宋代浑仪和元代简仪等天文仪器，运回北京校验后浇铸成铜仪。正统七年（1443），修建钦天监、观

建于明正统年间的北京古观象台

紫微殿

081

星台，并安装仪器。台址就在今北京的古观象台。后来正统十一年（1447），又建造晷影堂。从此，北京古观象台和台下西侧有了以紫微殿为主的建筑群，基本上具备今天所看到的规模和布局。

明清观象台

　　明代在观象台上陈设有天文仪器浑仪、浑象和简仪，在台下陈设有天文仪器圭表和漏壶。

喀什艾提卡尔礼拜寺，在新疆维吾尔自治区喀什，系阿拉伯式建筑。初建于明景泰年间（1450～1456），该寺一直是喀什地区宗教礼拜中心，也是新疆伊斯兰教最高学府所在地。

台阁体盛行

明代永乐至成化年间，出现了一支文学流派，称为台阁体。其代表人物为杨士奇（1365~1444）、杨荣（1371~1440），杨溥（1372~1446），号称"三杨"。

"三杨"历事成祖、仁宗、宣宗、英宗四朝，都先后官至大学士。杨士奇官至华盖殿大学士；杨荣官至文渊阁大学士；杨溥官至武英殿大学士。由于他们都是台阁重臣，所以他们的诗文有"台阁体"之称。

永乐至成化年间正是明朝的太平盛世，"三杨"所作的诗文都是歌功颂德，粉饰太平的作品。其诗文号称词气安闲，雍容典雅，实则脱离社会，平庸乏味。由于统治者宠信他们，倡导这种文风，故追随者甚多。一般追求利禄的文人在未中进士前致力于八股文；得官以后则模仿"台阁体"。这种文风先后流行了100年左右，文坛风气趋于平庸，千篇一律。

后来，在复古论的冲击下，台阁体逐渐失去其在文坛的地位，趋于没落。

法海寺明代壁画画成

明代的壁画艺术无论在规模和数量上都无法和唐宋壁画相比，但寺庙壁画非常兴盛，有许多名画家都曾在寺庙里作过壁画。如戴进、关伟、宋旭等，留下了很多有价值的寺庙壁画作品，北京的法海寺壁画就是一个典型的例子。

北京市法海寺的明代壁画，是由明

明《帝释梵天图》（韦驮天）

万国来朝时期

明《帝释梵天图》(广目天王)

明《帝释梦见天图》(大自在天)

英宗的近侍太监李童发起，僧俗官民募捐建造，工部营谱设计施工的，大约完成于明正统八年（1443），题为《帝释梵天图》，由宫廷画士官宛福清、王恕、张平、王义、顾行、李源、潘福、徐福等十五人所绘。

这个壁画绘于大雄宝殿的北壁，以唐宋以来流传很广的《帝释梵天图》为题材，刻画了佛教诸护法神、帝释和梵天等二十多个形象，具有浓重的宗教气氛。整幅画规模宏大，线条流畅，设色浓丽，具有很高的艺术价值，堪称明代壁画中的优秀典范。在人物造型上，尽管每个人物都有一定的程式、但是经过匠师的精心刻画，每个人物都具备鲜明的个性特征。如其中的柯利帝母（爱子母）和毕哩孕迦的组合。柯利帝母一手执扇，一手抚摸着她的儿子毕哩孕迦，表情恬静，无限温情自然流露，毕哩孕迦双手合十，偎依在母亲身边，笑容天真幼稚，世俗之间的母子亲情充斥整个画面，显示出明代寺庙壁画的精湛技艺。

十番鼓、十番锣鼓流行

　　十番鼓，又称十番箫鼓、十番笛，或简称十番，僧道称之为"梵音"，民间又统称为吹打，十番鼓的音乐大多是元明时期的南北曲，十番鼓使用的乐器有笛、管、箫、三弦、提琴、云锣、汤锣、木鱼、檀板、大鼓等。在诸多的乐器中，鼓和笛是主要奏乐器，作品结构除曲

掐丝珐琅海马纹大碗

牌连接或曲牌衍变者外，有的插入技艺艰深的鼓独奏，是最具特色的部分，插入的鼓段可能是一个快鼓段（主板鼓），如《一封书》；或是两个鼓段——依次为慢鼓段和快鼓段，如《满庭芳》；或是三个鼓段——依次为慢鼓段、中鼓段、快鼓段，如《甘州歌》，鼓段节奏复杂多变，音色力度多彩。

　　有关十番鼓的演奏情况，我们可以从清代李斗《扬州画舫录》看出，他在叙述扬州画舫中演奏十番鼓的情景时说，单皮鼓（板鼓）的击奏"响如裂竹"，演奏者的形象为"头如青山峰，手似白雨点"。由此可见技艺要求之高超，头部身躯稳重，双手要迅速灵活，这些特点至今在现代十番鼓中仍存在着。

　　十番锣鼓又称十样锦，或十不闲，也称鼓吹，简称十番或锣鼓，它和十番鼓在所用打击击器及其奏法和所用曲牌方面，并不完全一致。

　　十番锣鼓的音乐，大多也是元明时期的南北曲、小曲，所用乐器包括管弦与锣鼓多种，以昂扬热烈，明快欢乐为特点，如只用打击乐器，不用管弦，叫做清锣鼓，俗称素锣鼓；兼有打击乐器和管弦，锣鼓与旋律更替或重叠的，叫做丝竹锣鼓，俗称荤锣鼓。打击乐器和管弦均有粗细之分，如管弦中唢呐

和笛为粗，其他为细，因此有所谓粗锣鼓、细锣鼓、粗细丝竹锣鼓等等之区分。又，当以笛或笙主奏时，则分别称笛吹、笙吹，如有笛吹锣鼓、笙吹锣鼓等。因此，十番锣鼓之中品种相当繁多，节奏变化十分复杂，音乐丰富多彩，著名曲目有《下西风》、《万花灯》、《寿亭侯》等，有的历史非常久远。如《下西风》的命名，即是由于它来自元代王实甫杂剧《西厢记》第四本第三折中的"脱布衫"，其曲词有"下西风黄叶纷飞，染寒烟衰草萋迷"之句，十番鼓和十番锣鼓在明代已流传在江苏苏州无锡一带。

宣德画院画风形成

宣宗朱瞻基，景宗朱祁钰，宪宗朱见深，孝宗朱祐樘四代，承先朝之余荫，由于自身之爱好，提倡绘事，广征画师，曾繁荣一时，即后人称为"宣德画院"。

它包括的时间，实不应仅限于宣德，下限可到弘治，此间七八十年，确已形成了画院本身的画风，其特点是一扫元人淡雅之气的影响，代之以南宋李、

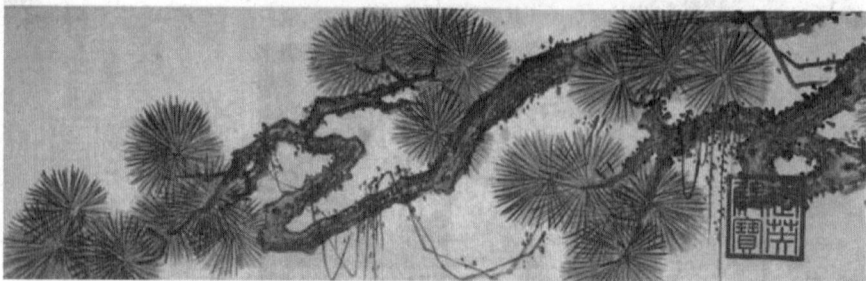

朱瞻基《万年松图卷》（部分之一，之二）

王谔《江阁远眺图轴》

刘、马、夏的风骨。

　　宣德画院前后涌现出不少高手，见于画史文献和作品可资稽考的在一百人以上，人物、山水、花鸟诸方面都有可观的成就，马轼、李在、戴进、夏芷、孙龙、吕纪、吴伟、王谔诸家，是享有盛名的院画家，尽管在师承上大都来自南宋院体画，然而每人的作品富有独特的个性，毫无雷同之感，万紫千红，繁花似锦。

　　马轼传世作品稀少，《春坞村居图》是件绢本中堂文轴，气魄雄伟，所作《归去来兮图》卷中三幅，水墨与浅色兼施，技法多变，有一定的代表性。

　　李在擅长山水画，大幅创作仅有《琴高乘鲤图》和《山中初雪图》两件，前图人物树石出入宋院体，后图法郭熙，气格不凡，《归去来兮图》中保存他的三幅，就有三种面貌，学马、夏而能脱化。尤其是《临清流而赋诗》一幅，法梁楷的减笔描，意境空灵，笔触简略，神气十足，似有出蓝之妙！

　　戴进艺术成就很高，是浙派的首领人物，留下来的作品不少，如《三鹭图》、《春山积翠图》、《仿燕文贵山水图》、《禅宗六祖图》、《溪堂诗思图》等。

　　夏芷出于戴氏门下，亦是画院名手，传世著名作品不多，《归去来兮图》，

水墨描写陶渊明泛舟的神情，船和树石的动静对比，不愧是戴氏门中高足。

　　明代并不像宋代有正式画院的组织机构，所谓明代画院或宣德画院仅沿袭宋代之名而称之，洪武、永乐期间设供奉文渊阁侍诏、翰林侍诏、武英殿侍诏，或称供事内府、内供奉、营缮所丞等，宣德以后的画师，大都分配到武英、仁智、文华三殿供奉，以前两殿集中人数较多，一切活动由御用太监掌管，明代供奉画师的职衔有锦衣卫都指挥、指挥、千户、百户、镇抚一系列极不相称的名义，明代画院在正德年间时趋于低潮。

吴敬著《九章算法比类大全》

　　景泰元年（1450），吴敬写成《九章算法比类大全》共 10 卷。

　　吴敬字信民，号主一翁，浙江仁和（今杭州）人，以精于数学著称，曾长期担任浙江各级官府的幕僚，在协助管理财政赋税时，遇到大量实用数学问题。同时，他还留意搜集那些古代数学问题，与《九章算术》中的相应内容相比类，并将各种实用算法编成歌诀，历 10 年之久，于景泰元年（1450），写成《九章算法比类大全》。

　　《九章算法比类大全》前面有"乘除开方起例"一卷，列举大数、小数制度，度量衡制度，乘除算法中用字的解释，整数及分数四则运算等，并以 194 个应用问题为范例说明各种算法。这一卷还最早著录了珠算加减法口诀。卷一至卷九按《九章》的体制分类，将古今问题进行比类，编排了 1000 多个应用问题的解法，包括大量商业数学问题，也涉

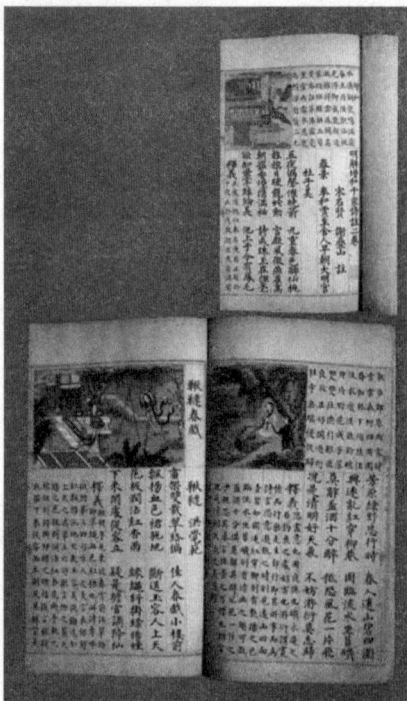

明代皇太子用的教科书《明解增和千家诗注》
（手抄彩绘本）

及许多政府管理上需要的实用数学内容。卷十为"还原开方"，包括开平方、开立方、开高次方以及开带纵平、立方，借助"开方作法本源"（贾宪三角形），以"立成释锁"求解，书中最早记载了由阿拉伯传入的格子乘法，称为"写算"，成为后世习用的算法。

《九章算法比类大全》是明代最早且为内容系统、完整的有刻本传世的数学著作。

明政治日趋混乱

明初，是明代各项典章制度建立和完善的时期。这一时期，统治者吸取了元代灭亡的历史教训，注意调整生产关系，发展社会生产，节制费用，与民休养生息；严肃法纪，整顿吏治。在上，皇帝勤政，在下，官吏比较廉洁，政治相对清明，社会秩序基本稳定。达到空前的统一和强盛。进入明中叶（正统皇帝）以后，皇帝多数昏懒，不理朝政，于是法制日趋松弛，吏治渐为败坏，上下玩怠，贪污盛行。尤其是最高统治集团在政治上的腐败，更加快了政治危机的公开化。

正统年间，朝廷内外，文臣武将竞言用兵于云南、四川等西南地区，削弱了北方的边防建设，使蒙古统治者得以乘虚而入。正统十四年（1449）七月，蒙古瓦剌也先率军南侵，英宗皇帝率军亲征，于土木堡被打得大败，将士死伤50万人，皇帝被虏，史称"土木之变"。明军在土木堡的溃败，是明朝建国近百年来政治腐败的一次大暴露。

"土木之变"后瓦剌进迫北京，北京"上下无固志"，幸兵部尚书于谦整饬兵备，团结军民，打退了瓦剌的进攻，使明朝暂时转危为安。但是总的说来，明王朝由盛转衰、由强变弱的总趋势，由此已成定局。整个明王朝上上下下，从皇帝到文武臣僚，从军事到政治，到处都是一派颓废不振的沉闷气氛，再也看不到以往那种生机勃勃的景气了。北京转危后，英宗皇帝获释回京，于景泰八年（1457）正月发动政变复辟，并颠倒功罪，杀害于谦，尽斥大臣。明代政治上的混乱局面，从此越发不可收拾。

成化年间，由于宪宗皇帝治国，多行弊政，造成政治危机逐渐加剧。孝

宗初政时，虽然有"勤政爱民"、"明于任人"之举，试图重整朝纲，"中兴"大业。可是，由于外戚骄纵恣甚，士气日衰等原因，最后也是一事无成，"中兴"之梦化为泡影，政治危机不可逆转。到武宗皇帝时，怠于政事，唯好逸乐，整天寻欢作乐，不理国事。明王朝经100多年的风风雨雨，到武宗帝时，已是病入膏肓，无药可救。

至世宗嘉靖，在位45年，所行"秕政甚多"，他一入京就为加其生父母的称号，挑起一场长达六七年之久的所谓"大礼"之争，迫害大臣百余人，闹得满朝乌烟瘴气，鸡犬不宁。其后，又崇信道教，数十年不视朝，深居宫苑，梦想长生，无心政务。又宠用奸臣严嵩，贪污无度，任人唯亲，遍引私人，排斥异己，从而使政局更加混乱不堪。外患更为频繁，国力日衰，府藏告匮，明王朝已经开始衰亡。及明穆宗继位，仍不躬朝政，一心喜好声乐，游戏骑射，不能振肃朝纲，以致大臣互相倾轧，门户之见渐开。中国历史上有名的、延续60多年之久的晚明党争，此时其实已经开始。

明中叶以后政局混乱、军政腐败的另一个重要表现是朝廷内部正气受压，邪恶势力抬头，多次出现宦官擅权乱政的不正常现象。明初，朱元璋鉴于历代宦官往往越权肆虐的深刻教训，曾严禁宦官干预政治。但另一方面，为维护专制独裁统治，他又组建锦衣卫，不得不处处利用宦官，为后来宦官擅权乱政打开了方便之门。至明成祖即位，大开宦官之禁。使用宦官出使、专征、监军、刺臣民隐事等。还专门设立由宦官督领的特务组织"东厂"，对全国实行恐怖统治。从英宗开始，皇帝多是年幼登基，宠用宦官，于是造成"内官日横"，皇权高度集中，皇帝自操权柄的局面开始动摇和削弱，权力逐步转移到宦官手里，使他们得以直接操纵军国大计，擅夺生杀之权，排斥忠良，迫害正直，祸国殃民，进一步把明王朝推向深渊。

战车战船发达

明代战车战船作为军队的装备比前代有了较大的发展。正统十二年（1447），针对蒙古骑兵动作快，冲驰力强的特点，总兵官朱冕提出"火车备战"建议，即将火器与车辆结合，以利用战车屏障作用，阻挡骑兵冲击，掩护火

福船模型

海船模型

器火力的发挥；利用战车的运载能
力，加强重型火器的机动能力。正
统十四年，土木堡之变后，明朝开
始试制和装备各种战车，到明末，
先后造出正厢车、偏厢车等数十种
战车。

明代铁锚

　　明代制的战车仍以人力、兽力
为动力，但由于装备火箭、火铳、
火炮等，杀伤力大大加强。明代战车主要是为发挥火器进攻和防守的功能而造，
其中以野战防御性的居多，亦有进攻性的，如成化年间神机营创制的进攻战车，
弘治时的全胜车等。明代战车配备一定数量战斗人员和多种火器，形成以战
车为核心的基本战斗组织和火力单位。

　　明代战车集火力、机动性和防护力于一体的设计思想，与现代战车的原
理完全相同，这在当时是很先进的。

　　明代战船种类极其繁多，有蒙冲、斗舰等几十甚至上百种。战船均是通
过帆、桨，以人力或风力为动力，与宋元时代的基本制造技术和结构差不多。

但明代战船通过改进船体结构和武器装备，提高了其作战性能。船体结构硬度增强，航速加快，使之能直接撞击、犁沉敌船。明初开始，战船逐渐普遍装备了火铳、火炮等火器。因而明代战船形体高大，火力凶猛，在抗倭战争中，屡建功勋。

明代还曾专门制造用于海上航行的大海船，郑和下西洋时乘坐的"宝船"就代表了我国古代造船的最高水平。

此外，由于海岸港汊交错，不宜大船行驶，故明朝多造"多橹快船"，以增强海防水军的机动能力，如鹰船、蜈蚣船等，行驶敏捷，进退自如，并普遍装备了火器。为了适应火攻需要，还制造出两种专用于火攻的双体船：子母船和联环舟。这两种原理一样，均是船体的一半装易燃物，接触敌船点燃后，船体另一半则由军士驾驶返回自己营地。

明代战船，在抗击从 14 世纪到 16 世纪 60 年代骚扰沿海地区的倭寇的战争中，以及万历年间援朝抗倭战争中，均起了积极的作用。另外，也加强了对海外交往的物质基础。

明初的战船高度发展，代表了当时世界的先进水平，但中叶以后，逐渐衰弱。

明朝

1451 ~ 1460A.D.

1451A.D. 明景泰二年

是秋，浙闽叶宗留等残部皆散，于其活动中心析置四县，置戍兵。也先杀鞑靼可汗脱脱不花。

1452A.D. 明景泰三年

十二月，始于京师立团营，以于谦总其事。

1453A.D. 明景泰四年

宦官兴安建大隆福寺，费资数十万。八月，瓦剌也先自立为可汗；十月，遣使来，自称大元田盛大可汗。

1454A.D. 明景泰五年

是岁，也先为其部下所杀，瓦剌渐衰，鞑靼复振。

1455A.D. 明景泰六年四月，鞑靼小王子麻儿可儿献马驼。

1456A.D. 明景泰七年

四月，修《寰宇通志》成。

1457A.D. 明景泰八年 英宗天顺元年

正月，徐有贞、石亨等拥英宗复辟，改元天顺，杀于谦等；二月，废景帝为郕王，寻死。

1458A.D. 明天顺二年

四月，复设巡抚官。八月，修一统志。

1460A.D.

明天顺四年四月，遣宦官督浙江、云南、福建、四川银课，总十八万余两。五月，罢宦官督苏、杭织造。

1453A.D.

穆罕默德二世以大军自水陆两方围攻君士坦丁堡。自四月六日至五月二十九日，历时五十三日，城陷，君士坦丁十三世死于乱军中。拜占廷帝国亡。自君士坦丁大帝于330年定都后，至是凡历八十世，一千一百三十三年。

1454A.D.

土耳其帝国（即奥托曼土耳其）穆罕默德二世遣兵围攻贝尔格拉德，洪约提率兵来援。

1455A.D.

西欧第一本排字版书籍，《马萨朗圣经》，约在本年印行。（按：此书因发现于法国首相，红衣主教马萨朗之私人图书室中，故名。）英格兰亨利六世神智复清，免摄政理查职，理查遂纠合骚尔斯巴利，与窝尔维克等伯爵叛变。长达30年之英国内战——玫瑰战争或蔷薇战争自此始。

兵部尚书于谦创设团营制

景泰三年（1452）十二月五日，兵部尚书于谦创立团营后绘图呈进，获景帝批准，并下诏由于谦、石亨等负责提督团营。

当时京军共有三大营，自英宗北还之后，于谦认为议和并不足靠，应该自己图强。考虑到营政久弛，三大营之间难以统一协调，尤其是在有边警时，临期调拨，兵将平日互相不熟悉，将不识兵，兵不识将，甚至连姓名都不知道。于是于谦选三大营军十万人，分为五营团操，名为"团营法"。

以五十人为队，队有长，百人为两队。千人有把总，五千人有都指挥。一年后又增加五万兵，并前五营为十团营，每营置都督一人，都指挥三人，把总十五人，指挥三十人，每队置管队官二人。仍各由武臣、内臣往来提督。其余军不在团营者，归本营训练，以卫护京师，名曰"老营"。于谦改革了京军旧制，整肃军纪，使之面目一新。

天顺元年（1457）朱祁镇（英宗）复辟，于谦被诬杀，团营就此停止。

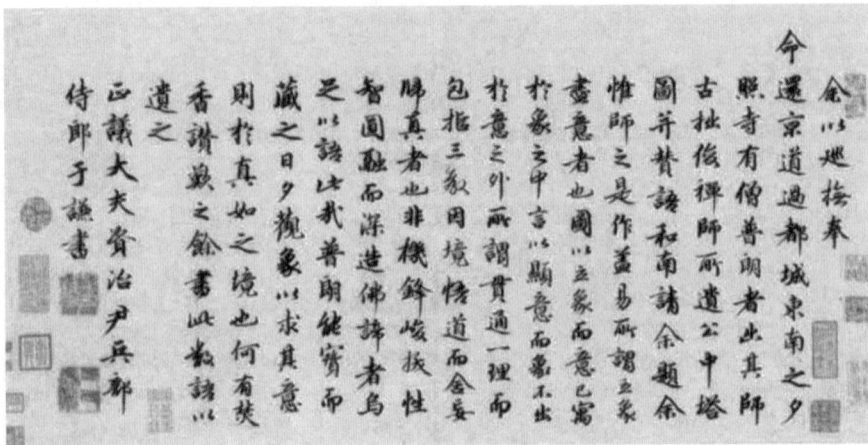

于谦《题公中塔图赞》

瓦剌内讧·知院阿喇杀也先

景泰五年（1454）十月，瓦剌可汗也先被知院阿喇所杀，从此瓦剌部逐渐衰落。

景泰四年（1453）八月，瓦剌首领也先自立为可汗，遣使与明朝修好，但他自恃强大，独断专行，日益骄恣，沉湎酒色。景泰五年知院阿喇以为自己当迁太师，但被也先拒绝，于是怀恨在心。也先也想铲除阿喇势力，派遣自己的两个儿子守西番，召阿喇二子随从，并设计杀其次子。阿喇请求召还其长子，以合击盗马贼，其子又在途中被也先派出的赛刊、大同二王鸩杀。阿喇盛怒，率部三万兵攻击也先，历数也先罪行。也先无言以对，约定明日交战，退而与巴颜铁木儿商议击败阿喇之事。这时帐中有久侍也先并受到信任的阿喇旧部曲三人入帐，拔剑刺死也先、巴颜等。赛刊王闻变，领七千人前来，知也先已死便弃众而去，被部下所杀。大同王领其人马西奔。一年后，鞑靼部首领孛来又杀了阿喇，夺也先母妻及其玉玺，访求脱脱不花之子麻儿可儿，立为汗，称"小王子"。此后也先诸子分散，瓦剌部逐渐衰落。

徐有贞成功治沙湾

景泰六年（1455）五月七日，都御史徐有贞治理沙湾的水利工程宣告完成，从而解除了沙湾的洪患。

沙湾曾经七载治理，收效甚微。景泰四年（1453）十月，景帝朱祁钰派徐有贞至张秋实地考察，并主持治理沙湾，并封徐为右佥都御史。徐有贞考察后认为前任治沙湾官员一味堵塞决口，未能解除春潮涨水之患。他建议着手置水门、开支渠、浚运道，获朝廷批准，并拟派文武大臣率五万军役相助，徐婉言谢绝。他征集民夫 5.8 万多人，亲自督促，治渠开闸，历时 555 日，终

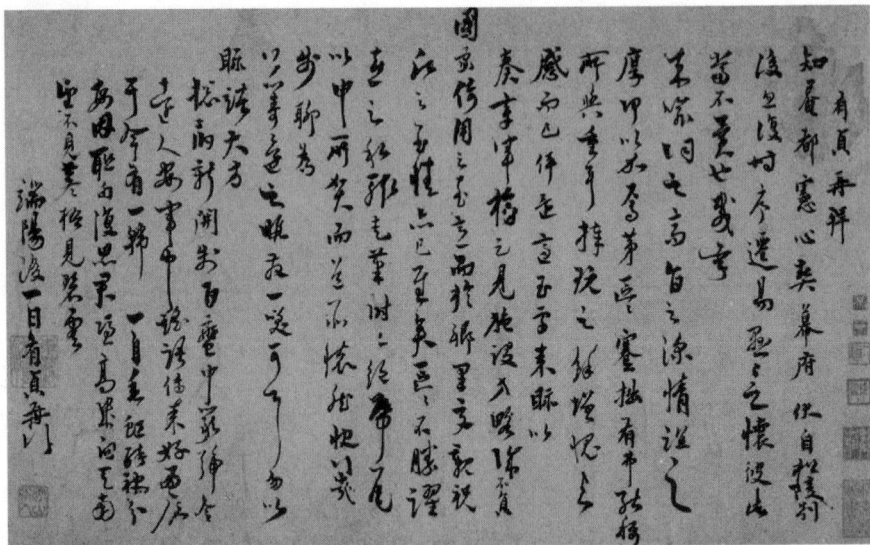

徐有贞《别后帖》

于大功告成。所设水渠起于张秋，至河、沁。景帝赐名为广济。此后该河可以漕运，能灌溉沿途90万顷良田。第二年继续浚通漕运，北至临清，南到济宁。用制水门法平水道，在东昌建8个水闸，以此平息了山东的水患。徐有贞的突出成就受到了明朝廷的嘉奖，因此升任左副都御史佐理院事。

太监兴安建大隆福寺

景泰四年（1453）三月二十六日，太监兴安费银数十万建成隆福寺。

兴安在金英获罪被废后，更加专权独断，也更佞佛。大隆福寺是他奏请景帝另建的。该寺建成，景帝准备临幸。河东盐运判官杨浩切谏，认为景帝即位之初，曾首幸太学，使海内仁人志士十分景仰。而修寺

明景泰珐琅盒

崇佛，殊非垂范后世之法。郎中章纶也言道：佛者，夷狄之法，非圣人之道。皇上若以万乘之尊临幸非圣之地，让史官写下来传之后世，将有损圣德。景帝听从，取消了去大隆福寺尊佛的想法。自从王振佞佛，佛教大行其道，数年时间在京城内外建了200多幢佛寺。景帝即位以来，有很多廷臣进谏事佛，但景帝终没有完全听从。

会试复分南北卷

　　景泰五年（1454）开始，会试复分南、北卷。

　　景泰初年的会试遵循永乐年间旧例，不分地区，不限额。景泰二年（1451），年给事中李侃奏请朝廷，认为此法不妥，专以文词则多取南方人。刑部侍郎罗绮也进言改例。但礼部依诏书不从李、罗等的建议。直到景泰四年（1453），给事中徐廷璋又请依正统间例会试，景帝批准。于是景泰五年二月礼部奏请裁定，分南、北、中卷。即：应天及苏松诸府、浙江、江西、福建、湖广、广东等地为南卷；顺天、山东、河南、陕西、山西为北卷；四川、广西、云南、贵州及凤阳、庐州二府，滁、徐、和等三州为中卷。此后，会试按此例进行。

中国火炮开始大量装备军队

　　明朝时期，火炮已大批生产并开始大量装备军队。明初火炮基本上是改进发端于元代的中国古代第一代金属管形火器——大碗口铳和盏口铳，针对元代火炮身管短，口径和弹药没有严格的统一标准，装填和发射速度慢，射程近，命中率低，杀伤威力小，炮身易炸裂，后座力大，跳动厉害，常伤炮手等缺点，加以改进，普遍在

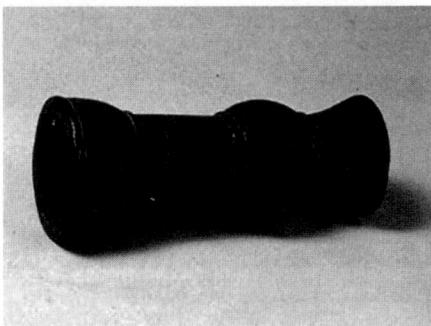

明景泰元年（1450）铜火铳

炮身上加铁箍，以增强炮身的抗爆力，防止炸裂。这样，明朝前期，火炮已成为军队攻城掠地的主要重武器，开始大量装备军队。

明代的火炮种类多，经常进行重大改进。明朝前期，军器局和兵仗局所制造的火炮有盏口炮、碗口炮、神机炮、旋风炮、将军炮等十余种，据《明会典》记载，弘治（1488~1505）以前，明政府每3年制炮达3000门。火炮大量装备于军队中，在作战中发挥了巨大的威力。永乐十二年（1414），明成祖第二次征漠北，曾用火炮击溃敌军。正统十四年（1449），于谦守卫北京，也用火炮和其他火器大败瓦剌军队的进攻。明朝中期，火炮不断改进，特制炮车的发明，方便了搬运，炮架的发明，使火炮能上下左右旋转向各个方向射击。弘治年间发明的爆炸弹，又大大提高了火炮的杀伤威力，并在此基础上研制出专门发射爆炸弹的火炮。明中叶以后，火炮在原有基础上继续发展的同时，又引进了先进的西方火器，使明代火炮技术有了重大改进，如瞄准具的装配，提高了命中率；身管加长，增大了射程；采用子炮，加大了火炮的射速等。使火炮的威力与日俱增，种类不断增多。正德年间，又引进、试制了葡萄牙的大炮，名为佛朗机，后又取得荷兰人大炮，称之为"红夷炮"，1622年开始仿制，赐封为"大将军"。崇祯二年，大学士徐光启等制造出大批性能超过佛朗机的红夷炮，发给边防各镇。此后，红夷炮成为明末攻守作战中的主要重武器，大量装备于军队中。

明代火炮大量装备军队，提高了军队的作战能力，在巩固边防，维护明朝统治方面发挥了重要作用。

水车普及

明代，水利灌溉工具有了较大的改进。劳动人民在三国时翻车和唐代筒车的基础上，创新和发展了灌溉工具风力水车和拔车。

风力水车又称风力翻车，利用风力提水。最早在元代出现，逐步得到普及和推广则是在明代及以后。风车轮盘直径3丈，依靠风力为动力，带动水轮把水翻上来进行灌溉。明初浙江金华人童冀在《水车行》中描述风车使用情况："零陵水车风作轮，缘江夜响盘空云。"风力水车在江淮之间江南一

些地方很受欢迎，人们纷纷使用。风力水车以自然风为动力，是古代继畜力、人力、水力以后，在农用动力上的又一重大进步。拔车亦称"手摇水车"，其原理结构同三国时魏国马钧的翻车相似。这种改进的小型手摇水车只有数尺，一人两手摇动疾转，一天可灌溉2亩，结构简单，轻便灵活，不仅一人可以戽水，而且可一人捎走，近水低田最适用。这种手摇水车在我国南方水网地区最适合使用，一直广泛沿用到现在。

代耕架出现

　　大约始创于唐代的代耕架，在明代时有了较大发展，这是明代农业生产技术进步的一个主要表现。

　　明代，农业生产工具的类型和作用，基本上达到中国封建社会的经济条件和技术条件所能容纳的最大限

代耕架

度。用"生铁淋口"法制作的"擦生农具"具有韧性好、锋刃快、经久耐用之特点。代耕架作为耕翻农具正是在此基础上得到发展的。代耕架是在田地的两头各设立一个人字形木架。每个木架各装一个辘轳，利用杠杆原理，在辘轳中段缠上绳索，绳索中间结一小铁环。铁环与犁上曳钩，能连脱自如，辘轳两头安上十字交叉概木，手板动概木，带动辘轳转，绳索缠在辘轳上，拉动犁子前进。操作时需3人，每个辘轳边一人，交替用力，扶犁一人，这样使犁一来一往，由于辘轳用力方向单一，且搬动不便，所以用两个辘轳掌握来往拉力，形同牛耕拉力，其用法如图。

　　代耕架是在耕牛缺乏的情况下解决耕作的一种方法，唐代由于铁犁不如明代那样，具有锋刃快、韧性好的特点，代耕架需要很多的人力消耗，到明代，擦生农具使代耕架只需3人，既省工，用力又均，不论男女均可。明代陕西总督李衍、欧阳必进在勋阳都推广使用此方法。但代耕架需3人，人力消耗也较大，用途单一、造价又高。在封建小农经济中，不可能得到较大推广，因此后来此法逐渐失传。

明英宗复辟

景泰八年（1457）正月，朱祁镇复位，改年号天顺，即为明英宗。

因代宗朱祁钰身患重病，原立皇太子朱见济已死，皇位继承问题引起了朝中大臣的忧虑，新立皇太子又无法取得一致意见。此外，朱祁钰拒绝另立皇储，称自己仅患寒疾小病，准备再度于正月十七日早朝。但武清侯石亨深知代宗病体难以康复，于是与同党都督张轨、左都御史杨善及太监曹吉祥等谋议复立朱祁镇即帝位，又联络太常卿许彬、副都御史徐有贞，决定在十六日迎朱祁镇复位。徐有贞事先

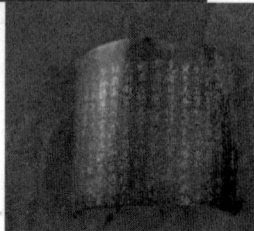

天顺年间英宗帝颁给功臣的免死铁券（上：背面，下：正面）

以四方边警为借口，命张轨加强防备并率兵进入大内。石亨掌握了各城门的钥匙，在深夜打开城门将张轨率军迎入城内，然后关闭城门，以防外兵进入。随后，石亨、徐有贞、张轨等直往南宫迎接朱祁镇经东华门至奉天殿升皇座。到了十七日晨，等待朱祁钰视朝的大臣们听到钟鼓齐鸣声，徐有贞等高呼万岁拥立朱祁镇，十分惊愕。这时徐有贞宣告上皇帝已复位，催促大臣百官朝贺。朱祁镇说："卿等迎朕复位，其各任事如故。"又命徐有贞掌管机务，次日加封为兵部尚书，将少保于谦、王玘，学士陈循、萧镃、商辂，尚书俞士悦、江渊、都督范广等逮捕入狱。二十一日，明英宗宣布改景泰八年

明象牙圆雕人物，雕像着公服冠带，栩栩如生

为天顺元年。封石亨为忠国公，张轨为太平侯，张锐为文安伯，杨善为兴济伯，曹钦都督同知。朱祁镇复辟帝位遂告成功。

生员可纳米入国子监

景泰四年（1453）四月，朝廷诏令生员可以纳米进入国子监读书。

是时，临清县有生员任铭等愿纳米 800 石进入国子监读书。因当时山东正发生粮储短缺，右少监武良，礼部右侍郎兼左春坊左庶子邹干等就此奏请朝廷批准，代宗准奏，并于四月诏令各布政司及直隶府、州、县学生员，凡能出米 800 石并运到临清、东昌、保州等处救济灾民的都可以进入国子监读书。后来又减到 500 石、300 石。这个措施使进入国子监读书者达到近千人，被称为"民生"、"俊秀"或"例监"。由于这些人的入监条件与原来规定的大相径庭，尽管仅为权宜之计，也在实际上败坏了学习风气，使监生的地位下降。这种纳米入监读书的规定不久后就被废除。

诏修《大明一统志》

天顺二年（1458）八月二十四日，明英宗敕谕李贤（吏部尚书兼翰林院学生）、彭时（太常寺少卿）、吕原（翰林院学士）等修编明代史志，命李贤为总裁官。

英宗认为，明地域广阔，必须有记载以备观览。先代帝王都很重视，而明太祖、明成祖皇帝没有完成修订。因此，他命李贤、彭时、吕原等"折衷群书，务臻精要"，把此事做好。

此后，历经四年努力，于天顺五年（1460）四月编成，英宗亲自作序，命名《大明一统志》，全九十卷。体例因袭《大元一统志》，参考《寰宇通志》，以两京、十三布政司分区，下辖府州县，再分建置沿革、郡名、山川、形胜、风俗及人物、古迹等目。最后附有《外夷》各国和地区的地理沿革等。虽然其中有不少错误，通志保存了不少史料，为研究者提供了方便。

万国来朝时期

灭石氏党羽

明天顺四年（1460），英宗将石氏家族及其党羽全部诛灭。

石亨因拥英宗复位有功，受到重用，权倾朝野。其弟侄冒功锦衣者50余人，部曲亲故冒名"夺门"籍以官者4000余人。在亨门下的也因此声势显赫，不可一世。朝臣也纷纷贿赂石亨以求官职。当时有"朱三千"、"龙八白"的传谣，即说郎中朱铨、龙文等都因行贿得到提升。石亨以宿怨残害忠良，大狱数兴，大权独揽，为朝臣所忌恨。其从子石彪本以战功起家，后封侯，石氏一门二侯，势盛而骄，多行不义，所蓄材官猛士不下数万，中外将帅半出其门，石彪又于天顺三年（1459）谋镇大国，引起英宗疑忌，发现其中骗局，便于八月一日将石彪下狱，并审问出许多不法之事。又从他家中搜出绣蟒龙衣及违式寝床等。十月，英宗罢了石亨的官。翌年（1460）初，锦衣卫指挥逯杲等奏劾石亨与其从孙石后图谋不轨，群臣也予附和。英宗早感到石亨的威胁，乃将他下于诏狱，并抄没其家。二月二十六日，石亨于狱中病死；石彪、石后伏诛。石亨的党羽尽行罢黜、清除。朝署由是面目一新。

于谦被斩首于市

天顺元年（1457）正月，兵部尚书于谦在东门之变后被诬杀，终年六十岁。

于谦生于1398年，字廷益，浙江钱塘人。为永乐十九年进士，先后任监察御史、兵部侍郎、左侍部、大理寺少卿、山西、河南

杭州于谦墓

巡抚。土木之变后升任尚书。曾率重兵在北京城外击退瓦剌军，迫使瓦剌于景泰元年释放英宗。又说服景帝迎英宗归国。他努力整饬京营军制，创立团营，总督军务，加强训练，毫不松懈。他本人才识过人，忧国忧民，臣吏骇服，深受景帝器重。他死后，弘治初赠太傅，谥肃愍。万历中改谥忠肃。著有《于忠肃集》。

戴进开创浙派

戴进（1388~1462），字文进，号静庵。又号玉泉道人。钱塘（今浙江杭州）人。戴进是明代"院体"画中突出代表，也是明代前期称雄画坛的重要人物。

戴进《雪景山水图轴》

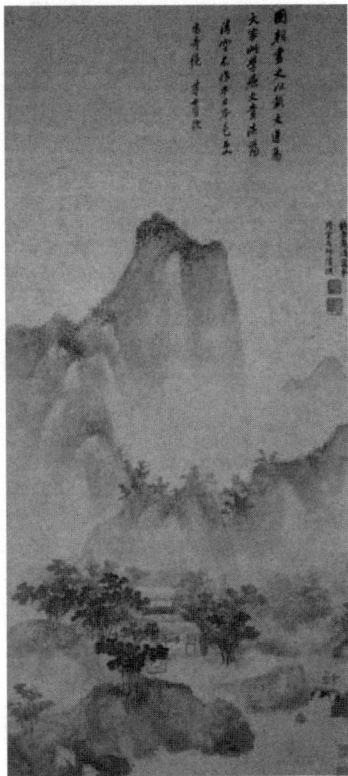

戴进《访燕文贵山水轴》

戴进在当时被称为"行家第一"，戴进之画派被称为"浙派"，见于董其昌《画禅室随笔》："元季四大家，浙人居其三，江山灵气盛衰故有时，国朝名士仅仅戴进为武林人，已有浙派之目。"张庚《浦山论画》称："画分南北，始于唐世，然未有以地别为派者。至明季，方有'浙派'之目，是派也，始自戴进，成于蓝瑛。"此后戴进在画史中，成为"浙派"的领袖。

戴进以绘画技艺，于永乐、宣德年间两次入宫，在仁智殿供奉，遭同侪的谗忌，郁郁不得志而归杭州故乡，一生贫困坎坷，死后则声望显著。他的画作题材比较丰富，人物、山水、花鸟、走兽，无不精工，有些人物、山水的内容情节充实，富于生活气息，人物个性鲜明。在画法上，主要渊源于南宋李、刘、马、夏"院体"传统，而能融汇范宽、郭熙等北宋各家之长，同时又兼取韵于元人，不是专攻一家一派，而是兼融并包，有所发展和创新。

戴进既能工笔，同时也擅长写意，主要特点是挺拔劲秀，严谨有法，早期人物画《达摩六代祖师像》卷，画法出自李唐、刘松年。笔墨工整劲健，衣纹线条流畅而行笔跌宕，是戴进的精心之作；《钟馗夜游图》大轴则放笔写意，挺健豪放，是中晚年面貌；《洞天问道图》以人物为中心，山石树木为背景，实际上是一幅人物山水画，画法来自"院体"

戴进《蜀葵蛱蝶图轴》

而有所变化;《关山行旅图》略有荆、关遗意,尺幅虽小,气势却显得雄壮;《溪堂诗思图》则是效法郭熙的力作,显得结构严谨,宏伟壮阔;《仿燕文贵山水》,水墨点染,呈米家风范。

所谓"淡荡清空,不作平日本色"者,是他山水画的又一变体,花鸟画《蜀葵蛱蝶图》工细淡雅,有"院体"的笔法功力,而能独具一格。戴进的画,显示了深厚的艺术造诣和多种变化的风格特点。

戴进的绘画艺术对宫廷内外产生了广泛影响,有众多的追随者,夏芷、陈景初、吴理、叶澄、钟钦礼、王谔等都师法戴进,其后的"院体"派名家周臣、吴门派领袖沈周,对戴进的画法也有所借鉴。

明朝

1461 ~ 1470A.D.

1461A.D. 明天顺五年

四月，孛来犯平虏城，以其屡扰掠，遣将击之。五月，孛来犯宣府。六月，孛来犯河西。七月，太监曹吉祥反，族诛之。八月，孛来犯凉州。

1462A.D. 明天顺六年

创浙派的画家戴进去世。九月，扩展锦衣卫狱。十月，孛来犯宁夏，败走。

1464A.D. 明天顺八年

正月，英宗死，遗诏罢宫人殉葬。太子见深即位，是为宪宗纯皇帝。二月，旧制，授官必由内阁、吏部，至是始由宦官传旨直接授官，谓之"内批"。

以没收曹吉祥田为宫中庄田，是为皇庄之始。理学家薛瑄死。

1466A.D. 明成化二年

正月，更定团营制。二月，鞑靼犯保德。

四月，倭掠浙东。六月，毛里孩犯延绥。刘通残部石和尚攻巫山等县。七月，毛里孩犯固原；十月，石和尚败，被俘死。

1467A.D. 明成化三年

正月，鞑靼内讧，孛来为毛里孩所杀；遣将击之，以毛里孩请和而止。八月，英宗实录成。

1468A.D. 明成化四年

三月，因番僧、公主、亲王请田多至四千余顷，夺民生计，诏中外豪强不得擅请田。加番僧封号为大国师、国师；时道徒加号真人、高士者亦多。十一月，毛里孩犯辽东。

1470A.D. 明成化六年

十一月，刘通部下李胡子号召荆襄流民起事，称太平王。

1461A.D.

土尔其苏丹穆罕默德二世遣兵来攻陷特累比松城，国亡。

1462A.D.

俄罗斯伊凡（约翰）三世嗣位为莫斯科大公，先后征服东北一带之封建国家，扩大版图，俄罗斯国家之基础，实在此时奠定。

1463A.D.

土耳其帝国与威尼斯第一次大战始。教皇庇乌二世企图号召十字军，未获成功。同年土耳其征服波斯尼亚。

宦官曹吉祥、曹钦谋反被诛

明天顺五年（1461）七月五日，宦官曹吉祥及其堂侄曹钦谋反被诛。

天顺四年（1460）二月，石亨病死于狱中，石彪被抛尸荒野，曹吉祥深为恐惧。经权衡利弊之后，他决心孤注一掷，发动政变，夺取政权。他开始在家中收藏兵甲，并派曹钦与冯益商议，每日犒劳那些锦衣卫官员，金钱谷帛任他们索取，广结死党。千户冯益曾于景泰年间奏请将英宗迁往沂州，英宗复辟后，因曹吉祥的庇护得以保存性命，客居在曹钦的家中。二曹将他视为心腹。三人经过周密商量，决定于天顺五年（1461）七月二日举事，计划到时由曹钦自外带兵废帝，而曹吉祥以禁兵作为内应。阴谋已定，七月二日，曹钦同其同党都督伯颜也先部署精兵500人饮酒严阵以待。

当时，怀宁伯孙镗奉天子之命西征，将在朝堂之上拜辞皇上，是夜与恭顺侯吴瑾都在朝房留宿。曹钦的死党锦衣卫军官马亮害怕事情真相败露，决及性命，于是暗中逃出，将曹氏阴谋告诉吴瑾。吴瑾又马上将此事告诉孙镗，二人从长安右门门缝中投入奏疏。吴、孙二人都是武臣，拙于文字，奏疏上只写着"曹钦反，曹钦反！"英宗得奏后，急忙下令关闭皇城及京城所有城门，逮捕曹吉祥。曹钦自知事情泄露，半夜赶往逯杲家杀死逯杲，在东朝房砍伤阁臣李贤，并且用逯杲的人头威逼李贤起草奏疏开释其罪，后又逮住尚书王翱。李贤到王翱处拿纸笔假装起草奏疏，才得以幸免于难。曹钦又在西朝房杀死都御史寇涤，率众进攻东、西长安门，因无法攻入便放火焚烧。孙镗派他的两个儿子急召西征军，在东长安门与曹钦迎战，并且大声呼喊：有狱贼造反！此时，西征军大批人马赶到，两军人马迎战曹钦。吴瑾率五六骑兵路遇曹钦，力战而死。天快亮时，曹钦党羽稍稍散去，孙镗领2000士兵前来追捕叛党，曹钦只得还家拒战，孙镗督军攻入，曹钦投井而死。其家无论大小老少男女都被诛杀。六日，曹吉祥也被诛杀，其余党羽如汤序等，被籍没全家，其他余党则流放江南。十三日，英宗以擒逆贼诏示天下。至此，朝廷平定二曹叛乱。

锦衣卫监狱扩大

逯杲曾跟随锦衣卫都指挥佥事门达左右，深得门达的信任，视之为自己的心腹之人。后来逯杲得志，飞黄腾达，门达反为逯杲所用。后因曹吉祥谋反，逯杲被曹钦诛杀。待门达重新得势便变得更加猖狂，较逯杲的所作所为有过之而无不及，在天下四方更加广布旗校，过问民间事务，因此百姓互相控告、彼此攻讦的越来越多。而锦衣卫就根据这些相互告讦的无稽之语，大肆追捕所谓反叛之人。天顺六年（1462）九月二十日，由于捕缉的囚犯太多，监狱狭小而不能容纳，故门达奏明英宗，请求在城西武库的空地上，增置锦衣卫监狱，英宗采纳了门达的建议。天顺八年（1464）三月，门达因罪下狱，宪宗于是下令毁掉了门达增设的锦衣卫新狱。

京师会试贡院大火

天顺七年（1463）二月九日，京师举行会试，举人学士云集一堂，跃跃欲试，以图高中，显亲扬名。当日，大风四起，刮个不停，至晚方才稍有止息。孰料这天会试场地贡院突然起火，风助火势，火借风威，整个贡院顿时火光冲天，映红了半壁天空。负责考场秩序的监察

科举贡院一景

御史焦显未将关闭的贡院四门开启，便与其他官员逃之夭夭。而应试举人慌作一团，都来不及躲避，烧死 90 余人。次日，礼部上书，奏明贡院起火烧死举人之事，一时朝野哗然，议论纷纷。英宗下诏，改于本年八月再度进行会试。同时，将知贡举及监试等官诸如礼部侍郎邹干、郎中俞钦、主事张祥、监察御史焦显等逮捕入狱，以示惩处。并赐被焚之贡士进士出身。

英宗死·宪宗即位

明天顺八年（1464）正月，明英宗朱祁镇去世。

朱祁镇（1426~1464），明宣宗朱瞻基之子。天顺八年（1464）正月十七日死于乾清宫，年仅 38 岁。英宗熟悉骑射，通晓琴棋书画，奉行俭约之道。他继承宣宗仁宗之基业，加以发扬光大，致使海内富庶，朝野安宁，老成勋旧，纲纪秩然。又释建庶人文圭，首罢宫妃殉葬，此则盛德事，为后世效法。二月十二日上尊谥睿皇帝，庙号英宗，葬裕陵。

英宗死后，长子朱见深 即位。朱见深，英宗朱祁镇长子，母贵妃周氏。天顺八年正月二十一日，朱见深登基正式即帝位。大赦天下，以翌年为成化元年。宪宗即位，命廷臣议上两宫尊号。中官夏时承周贵妃旨意说：钱皇后久病，不当称太后。而贵妃，皇上之生母，宜以宣德间故事行。阁臣李贤、彭时持不可，力言说：今日事与宣德时不同。胡后上表让位，故正统初不加尊号。今钱后名分固在，安得为此？中官说：若是如此，为何不起草让表？彭时说：先帝（英宗）健在时未曾行，今谁敢草！且朝廷之所以服天下，关键在正纲常。不正纲常、不遵礼制，有损圣德。人臣阿谀顺从，是万世罪人。李贤亦极言之，议遂定。将上册宝，彭时又说：两宫同称则无差别，钱皇后宜加二字以便称谓。遂于天顺八年（1464）三月一日，尊英宗钱皇后为慈懿皇太后，贵妃周氏为皇太后。议两宫尊号之争始结。

宪宗重建团营

　　明天顺八年（1464）三月，宪宗朱见深重建团营。

　　团营始自于谦。英宗复辟后，罢而不设，恢复了京军三大营之制。宪宗朱见深即位后，采纳了会昌侯孙继宗等的建议，于天顺八年（1464）三月二十五日，从五军、神机、三千等营中，挑选出壮勇官军12万，重新建立团营，分为十二团，分别称作：奋勇、耀武、练武、显武、敢勇、果勇、鼓勇、效勇、立威、申威、扬威、振威，又命侯、伯、都督等官坐营团练。四月十三日，召郭登总神机营。定西侯蒋琬奋武营，太平侯张瑾耀武营，广平侯袁瑄练武营，遂安伯陈韶显武营，广宁伯吴琮敢勇营，都督同知赵胜果勇营，都指挥同知鼓勇营，都督同和芮成效勇营，都督金事王瑛立威营，李杲申威营，鲍政扬威营，孙广振威营，各有协赞。宪宗又诏命孙继宗同太监刘永诚总管提督，每遇操练之时，仍派遣给事中、御史各一人巡察。自此，明代京营兵制又一变。

　　次年（1465）宪宗罢除团营，所选精兵仍回三大营。成化二年正月，宪宗又分十二营团练，于是团营又再建立，而其法也稍有变化。

设立皇庄·与民争利

　　明天顺八年（1464）十月，宪宗下令将没收的太监曹吉祥之地作为宫中庄田。"皇庄"之名自此开始。

　　洪武时期，曾赐亲王以及大臣公侯丞

明成化斗彩人物、三秋图案杯

相以下庄田，少者百顷，多者上千顷，又赐百官公田，以租充禄。至二十四年（1391），公侯百官给禄，于是收回赐田。宪宗即位之初，下令将没收的曹吉祥之地作为宫中庄田之后，给事中齐庄上疏奏曰：天子以四海为家，何必与小民争利！宪宗不理。从此，勋戚、中贵之家，多掠夺民地据为己有，以作庄田。

至弘治二年，畿内就有5处皇庄，占地12800余顷；戚、中官庄田332处，占地33000余顷。每处皇庄都设管庄官校以及庄头、伴当等。他们往往强占土地，掠夺财物，为害乡里。

荆襄流民起义

明成化元年（1465）三月，荆襄流民起义。

明朝中期，土地兼并剧烈，加上连年的饥荒及苛重的赋役，流民渐多。湖广荆襄地区是流民聚集地，明廷曾派重兵围剿，试图阻止流民进入，但未能如愿。到成化初，入山垦荒开矿者已达150多万人。朝廷多次强行逐散。流民已是走投无路。

成化元年（1465）三月，在刘通、石龙与冯子龙等人的领导下，流民在房县大石厅立

刘通、李原起事遗址

黄旗起义，集众占据了梅溪寺，称汉王，国号汉，建元德胜，设将军、元帅等职。时隔不久，聚集在起义旗下的流民已达4万余人。

随后刘通率兵转战于襄阳房县、豆沙河诸处万山中，分屯驻守，且耕且战。朝廷大为震惊，急令湖广总兵官李镇前往镇压，被流民军打败。同年十二月，

111

抚宁伯朱永奉命赴襄阳、工部尚书白圭提督军务，分兵向梅溪进发。刘通等转至寿阳，于次年三月在大市与明军相遇，因寡不敌众，起义军被迫后退，据险而战，血战两日，刘通被明军俘获杀害。十月，石龙部将刘长子叛变，捆缚石龙向明军邀赏，石龙不屈牺牲，刘长子亦被明廷诛杀。起义宣告失败。成化六年（1470）十月，刘通部将李原与小王洪再次起义，称太平王。响应的流民达百万人。由于人多武器缺乏，加上组织松散，在明军的进剿下，纷纷瓦解。李原和小王洪都在次年被俘遇害。起义再次失败。

明朝廷经过这次事件后制订了严厉的措施，强迫流民归乡，禁止流民进入郧阳地区。后又开设湖广郧阳府，在该地置湖广行都司和卫、所，专门抚治流民。

韩雍镇压大藤峡起义

明成化元年（1465）二月，右佥都御史韩雍镇压大藤峡起义。

景泰七年（1456），瑶族人侯大苟率领瑶、僮族人民起义，拥护者达数万人。他们攻克许多郡县，到天顺年间，义军迅速发展壮大，势力扩展到广东高州、雷州、廉州、梧州一带。成化元年（1465）正月，英宗采纳兵部尚书王竑的建议，诏命都督赵辅充总兵官，为征夷将军，右佥都御为韩雍赞理军务，发兵 10 万前往镇压。十一月，韩雍分兵五路，首先攻下修仁、力山，后又分两路进军。攻击大藤峡口。十二月，义军顽强抵抗，但众寡悬殊，侯大苟被俘牺牲。明军对各族人民进行了大屠杀，血洗大藤峡，积尸如山血如川。韩雍斩断峡中之大藤，改其名为"断藤峡"。成化三年，侯大苟部将侯郑昂又率领义军余部 700 多人攻占浔州城及洛容、北流二县，韩雍再次奉命前去镇压。但由于义军发展迅速，势如破竹，韩雍无可奈何。一直到成化八年（1472），朝廷集结重兵征讨，这次起义才被镇压下去。

次年，柳州、浔州的百姓又再起义，此起彼伏，令韩雍疲于奔命，后韩雍遭贬致仕归里。而大藤峡瑶族、僮族之乱仍未平定。

限制中外势家土地

　　明中期正统末到成化初年间，土地兼并日益剧烈，成为严重的社会问题，皇亲、勋戚、中官及番僧通过赏赐、乞请、侵占等方式大肆掠夺土地。成化三年（1467），番僧扎实巴乞请静海地为常住地，嘉善公主请求文安地数百顷，德王想拥有寿张地4000余顷，宪宗都予以恩准。成化四年，户科给事中邱弘等上言道，因建国之初，山东、北直隶土旷人稀。太祖太宗才多次颁诏允许民耕种，永不课税。而现在权豪势家，随便指地为闲田，乞请至数十百顷。地逾百顷即是百家之恒产、民生衣食之本，岂可顺一人之意而夺百家之恒产呢？宪宗听取了他的劝告，下令从此以后请乞都不准奏。但时隔不久，太后之弟庆云伯周寿即违禁请求得到涿州60余顷田地，宪宗又开此例允准。从此勋戚效尤。恳请赐田之事接踵而来，宪宗皆一一批准。成化五年八月，周彧又奏请将武强、武邑不交纳赋税的民田没收作为闲田。宪宗于是下诏派官员前往考察。查得这些乃农民缴纳赋税的田地，于是根据户籍步量，每亩百步，余下的作为闲田，剩70余顷，周彧十分不满。宪宗又命彭韶、季琼复查。韶、琼没有再步量田地，但认为不应抢夺民产。周彧上疏认罪说不忍夺小民衣食。宪宗于是下令将田归还于民。但又责怪彭韶等此举是希望得到功名，竟将他们下狱。后经多方营救方得获释。

宪宗宠番僧

　　明成化四年（1468）四月，宪宗宠信番僧为番僧加封号，封答巴坚赞为"万行庄严功德最胜智慧圆明能仁感应显国光教弘妙大悟法王西天至善金刚普济大智慧"，封扎实巴为"清修正党妙慈普济护国衍教灌顶弘善西天佛子大国师"、锁南坚参为"静修弘善国师"，端竹也夫为"净慈普济国师"，俱敕诰命。

四川莲溪县宝梵寺大雄宝殿西壁壁画

他们的衣服、饮食、器用可与王侯相比，出入乘坐棕舆，由卫卒执金吾仗作为前导，达官贵人都得为他们让路。宪宗每次召他们入宫，诵经念咒完毕后，都赠予同来的番僧封号。答巴坚赞、封扎实巴等于是广收门徒，势力日益扩大。他们的门徒中加号"真人"、"高士"的竟多达几千人，为非作

歹之徒也得到他们的庇护。

番僧恃宠，所作所为已到了肆无忌惮的地步。

流氓地棍猖狂

流氓地棍是明代社会的主要危害和丑恶现象之一，流氓地棍的势力在嘉靖、万历以后达到了空前的膨胀而猖獗一时。

流氓地棍大都以权贵、地主、豪绅、地方恶霸为靠山，社会背景极其复杂，活动区域主要在经济生活较为繁荣，商品经济发达的南北城镇地区，他们人数众多，以团伙性活动为主，有自己的组织、号令，各有活动范围与地盘，有的以所纠党徒人数作为绰号名称，像十三太保、三十六天罡、七十二地煞；有的以手中的武器为绰号，像棒锥、劈柴、镐子等，这些人为非作歹，无恶不作，破坏意识强烈。

流氓地棍的活动，五花八门，主要以打、抢、讹、骗为主，苏州还出现了专门打人的流氓地棍组织"打行"，又名"撞六市"，他们打人有特殊伎俩，或击胸肋、或击腰背、下腹，中伤各有期限，或3月死，或5月死，或10月死，1年死，其头目，有绰号"一条龙"的胡龙，绰号"地扇蛇"的朱观，均是松江打行的班头。杭州的流氓，一遇到人命案件，就视为奇货，或冒充死者亲属，或强作伪证，横索事主酒食财物，"稍不厌足，公行殴辱，善良被其破家者，俱可指数"（《杭州府志》卷十九），招摇撞骗，拐卖人口，弄虚作假，更是流氓的惯用手法，甚至有的流氓团伙还染指所在城镇的经济领域，导致种种欺骗，坑害顾客的行径发生，如用假银、卖假药、假酒等卑劣行为，对社会的危害是不可低估的。

娼妓兴盛

伴随明代社会文明的发展进步，城镇商品经济繁荣的同时，在明代城镇文化中出现了具有时代特点的文化畸变，娼妓现象的出现便是一种。

娟妓是古代东西方社会中普遍存在的一种社会现象。明代作为中国封建社会发展的一个重要历史时期，娟妓这一社会丑恶现象更趋发展。在洪武、永乐年间，官妓制度较为盛行，它是唐宋以来官妓制度的顺延，明代中期取缔了官妓，这是我国娟妓史上的一大变革，自此以后，娟妓完全由私人经营。同时，明政府严禁官员出入妓院狎妓宿娟，情节严重的，"罢职不述"（《余园杂记》）。尽管有此禁令，但当时的地方官吏以及以宰相之尊而挟妓侑酒者都大有人在，到了嘉靖、万历以后，皇帝倦于勤政，官员士大夫们则陶情花柳，前期的禁令已形同虚设，仅存一纸空文，享乐靡烂生活风气兴盛一时。

在这种风气影响下，以南京、北京为中心，大同、扬州等地的娟妓大量发展起来，致使娟妓遍布天下。大都会之地，动以数千百计，其他偏州僻邑，往往也有之，终日倚门卖笑、卖淫为活。

明代出现了许多名妓，如陈圆圆、董小宛、柳如是、李香君、李奴奴、顾媚之流，她们崇尚文学艺术、居处也多清洁幽

明吴伟《歌舞图轴》。画面正中的歌舞女孩，为青楼歌妓李奴奴，年仅10岁，娇小玲珑，能歌善舞，周围众人倾心观赏。上有唐寅、祝枝山等文家题诗，占画面大半。此图用白描法，线条纤细，略加顿挫，形象清秀，常有拙味，继承了宋元以来的工笔白描人物画传统。

雅，而且特别注意风貌，属于高级妓女之列，另外还有大量的以出卖色相和肉体为生的低级妓女。由于明代社会有大量的娟妓存在，所以出现了诸如《金陵六院市语》、《六院汇选江湖方语》、《行院声喇》等记录娟妓俗语的专门书籍。

年节娱乐丰富

　　明代民间的年节活动内容丰富，形式多样，且生动活泼而富有旺盛的生命力。

　　正月一日"元旦"，民间既是祭神，庆丰收，迎来岁的节日，又是一个娱乐文化活动最为丰富多彩的年节。届时，全国各地民间都有相应活动，主要有放鞭炮、舞狮子、耍龙灯、逛花市以及各项杂技舞蹈，室内外游艺等传统项目。据《金瓶梅词话》记载，明代"爆仗"的种类有紫卜缶、霸王鞭、地老鼠、一大菊、火梨花等数 10 种；舞狮子以"南方狮子舞"的广东狮子舞最具代表性；耍龙灯也称"舞龙"和"龙灯舞"，是我国古代独具特色的传统的民间活动之一，明代更别有一番情趣；屈大均的《广东新语》中曾提到明代广州已出现花市。

　　元宵节的民间游艺娱乐活动主要有闹花灯、猜花谜和其他各种文体活动，

明宪《宗行乐图》。这幅画描绘了明宪宗观赏燃放爆竹烟火的场面，不但具有艺术价值，而且通过画面直接反映了中国古代喜庆佳节燃放烟火的习俗。

117

如百戏、舞龙、舞狮、踩高跷、踢球、跑旱船、跳火、打陀螺、剪纸及其他百戏活动。江西建易府民间，元宵节时，民人以逢箸结棚，通衢都为灯市，游人往来赏灯者络绎不绝，通宵达旦，据正德《琼台志》记载：元宵节时，该地民间的观灯赏灯以及猜灯谜等游艺娱乐活动，更别具有一番南国水乡的节日气息，颇富地方特色；北京的灯节活动，则从正月八日开始，至十三日进入高潮，到十七日才结束，因这一活动与节日商业交相结合，故又称为"灯市"。节庆期间，民人不仅要施放烟火，而且还要兴致勃勃地观看各种乐作和许许多多的民间歌舞杂耍表演，五光十色的烟火灯影，异彩纷呈的歌舞技艺，汇成了欢乐的海洋，吸引着成千上万的各阶层市民在城中彻夜狂欢和游玩。

三月清明节，民间更有它独具特色的游艺娱乐活动，如有作为丰富民人生活的郊外春游踏青；有作为表示吉祥的折柳插门；有作为体育锻炼强身健体的打球、蹴鞠、荡秋千、放风筝、斗禽等活动，据《帝京景物略》卷五载，北京的民间，清明节时民人就有群集高梁桥踏青的习俗，岁岁清明，正是桃红柳绿的阳春天气，人们折下柳枝的嫩叶，插在鬓边，谓之"簪柳"就在这一派春色中，人们尽情享受着生命的欢乐。

龙舟竞渡与斗草是明代民间端午节的主要游艺娱乐活动的内容。明代湖南常德府民间，每逢端午节时，各坊市刳木为舟，长 10 余丈，染成五色，选善于驾舟者"相竞中流"；斗草又名斗百节，有斗花草名，有斗草之韧性，此俗南北朝盛行，明代民间沿袭之。

明代中元节民间的主要娱乐活动是放河灯，如《帝京景物略》载：每逢七月十五日，诸寺建孟兰盆会，夜于水池放灯，曰放河灯。经过一天的闷热，夕阳西下时，城内外的各处水面上就亮起了一盏盏随波荡漾的荷花灯，千盏万盏，灿若群星，这就是明代北京民间中元节放河灯的景象。

重阳节正是秋高气爽之时，也是进行秋季娱乐活动的大好时光，主要娱乐活动有登高、赏菊、放风筝，冬至节民间娱乐以冰上游戏为主，有堆雪狮、雪人、雪山、雪灯、打雪仗、打滑挞、溜冰和爬犁等。

每年除夕之夜，明代民人，合家点灯熬夜，辞旧岁，迎新年"守岁"时，也要举行许多节日庆祝活动与娱乐活动，一方面是有丰富的饮食，另一方面进行各种游戏，热闹非凡。

《赤风髓》成

　　《赤风髓》是明代周履靖收集的一种主要的气功书，共3卷，收动功、静功法9套，多附图诀，形象而生动地说明了功的练法。

　　《赤风髓》的第1卷，主要讲练气法，包括各种调气、咽气、行气、炼气、闭气、服气等及吹、呼、嘘、呬、呵、嘻的6字诀法，并有"五禽戏"和"八段锦"图诀，此五禽戏虽与华佗五禽戏之虎、熊、鹿、猿、鸟名称相同，但所行动法则完全不同，此时的五禽戏采用立式，以意念支配动作，以动作配合呼吸为特征，这显然是受内丹学影响而创编的新动作，而"八段锦导引法"完全沿用元时的坐式八段锦法，可见内练和外练结合已成为导引术发展的主要方向。

　　卷二和卷三绘有图势58幅，卷二有46幅，每个图势都注明有所治病症及行功的方法，如"偃俛行逐走马"势"治赤白痢疾，用托布势行功、向左运气九口，向右运气九口"。

明人根据《西游记》故事绘的《南极老人图轴》

"故妪泣拜文宾"势"治腰疼，立住，鞠躬低头，手与脚尖齐，运气二十四口，名乌龙摆尾"。"马自然醉坠雪溪"势"以肚腹着地，两手向后往上举，两脚亦往上举，运气一十二口，亦治搅肠沙"。

　　卷三共有图势12幅，均为卧式静功图，亦用文句说明了行功的要求，人们可从生动的图形和明确的文字说明中，领悟动作要领。我国健身治病导引图谱种类不少，但像《赤风髓》这样多的图势和完整的文字说明，还是不多见的。

明朝

1471 ~ 1480A.D.

1471A.D.　明成化七年

二月，复设九江、苏州、杭州钞关。

1472A.D.　明成化八年

正月，鞑靼侵延绥、固原、平凉。八月，鞑靼侵宁夏、庆阳、固原。

1473A.D.　明成化九年

八月，王越乘鞑靼精锐犯秦州等处，袭其老弱于红盐池，大胜。十一月，朵颜等三卫结鞑靼，屡扰辽东。

1474A.D.　明成化十年

正月，初设延绥、宁夏、甘肃三边总制，以御鞑靼。五月，申藏 "妖书" 之禁。筑边城起清水营至花马池，是月成，共一千七百七十里。

1475A.D.　明成化十一年

八月，鞑靼遣使贡马；时诸酋长互相攻杀，势少衰。

1476A.D.　明成化十二年　六月，通惠河浚成。九月，令太监汪直刺事。

1477A.D.　明成化十三年

正月，置西厂，以宦官汪直领之，势出东厂上，自是屡兴大狱，中外骚然。

五月，以西厂横暴，刑狱冤滥过甚，用大臣商辂等言，罢之；六月，复置，商辂因请致仕。

1479A.D.　明成化十五年　七月，命汪直巡大同边。

闰十月，汪直等以兵出辽东塞，焚杀，遂激诸部报复。

1480A.D.　明成化十六年

正月，鞑靼侵延绥。辽东塞外各部入云阳等堡大杀掠，以报去冬汪直等之侵劫。十二月，鞑靼侵大同，以报威宁海子之怨。

1472A.D.

俄罗斯伊凡三世与拜占廷末帝君士坦丁十三世之侄女索菲亚结婚。伊凡自此改称 "沙皇"（皇帝），自任东帝继承人与正教之护法。索菲亚自意大利召请巧匠来莫斯科，重修克里姆林宫。但丁《神曲》首次出版。

1476A.D.

土耳其帝国征服黑塞哥维那。门的内哥罗自此陷于土耳其势力之包围中。

1477A.D.

土耳其帝国苏丹穆罕默德二世遣兵远征达尔马提亚北部滨海各地。次年进至威尼斯附近。

明宪宗不再召见大臣

明成化七年（1471）十二月十六日，太子少保吏部尚书文渊阁大学士彭时、商辂、万安等辅弼大臣因为宪宗即位以来，尚未召见过大臣，于是上言道：天象垂戒，古今罕见，朝野议论纷纷，欲于明日早朝退朝后，诣便殿请见，一来可以宽圣心，二来可以平息群议等等，言辞恳切。十七日早朝后，宪宗便往文华殿召见这些辅弼大臣。进殿之前，宦官对大臣们说，皇帝初上文华殿，心绪不好，不可多言。等到进见时，彭时说：天变可畏。宪宗说：已知，卿等宜尽心。接着彭时又提及其他一些事宜。话未说完，宪宗便道：知道了。显得很不耐烦。万安只得高呼万岁，彭、商二位也被迫叩头退下。宦官于是嘲弄他们：整天叫嚷要见皇上，等见了皇上，又无奇谋高见，只知呼万岁而已，因此称他们为"万岁阁老"。这次召见，是宪宗在位23年里唯一的一次召见阁臣。后人都以此为鉴，多不敢觐见，宪宗也不再召见群臣，有事则由太监奏闻，宪宗几乎事事恩准。

明陈洪绶《升庵簪花图》。明文学家杨慎（号升庵），世宗时谪戍云南永昌。他常头戴花游于郊野，这实际上是古代文士坎坷途中排遣一腔积怨的曲折表达方式。

明金地缂丝鸾凤牡丹纹圆补

制定漕粮长运法

明成化七年（1471）九月，朝廷开始制定漕粮长运法。

"漕粮长运法"是在宣德年间实行的"支运法"、"兑运法"的基础上制定的。"支运法"是指由百姓把粮食运到淮安、徐州、临清、德州水边粮仓，再由官军运到通州、天津粮仓，费时耗力。因此，周忱巡抚江南时，建议百姓只运粮到瓜洲、淮安，然后补给官军脚价，兑运给官军，这就是"兑运法"。因百姓觉得兑运省力，于是兑运者多而支运者少。为进一步减轻百姓负担，应天巡抚滕昭建议由官军直接到江南水边交兑，加上损耗外，百姓再补米给官军作为渡江之费。给米多少根据各地地理不同而不同。如浙江，每石给1斗，南直隶等处每石给1斗3升。这样，百姓不用自运，由官军直接将粮运到通州、天津二仓。这种漕粮运输方式就是"漕粮长运法"。户部认为此法官民两便，请准施行。

明代漕船

九江口长城俯里墩台

巡抚余子俊修筑边墙

明成化十年（1474），延绥巡抚余子俊率众修筑边墙。

明朝时，北边常有鞑靼犯境，前任延绥巡抚王锐曾奏请沿边修筑城堡，防御鞑靼。成化七年，继任延绥巡抚余子俊也上表奏请沿边筑墙设堡，加强防御，但都未得到允准。成化九年，王锐大败鞑靼，将他们赶到北漠。余子俊趁机再次上奏，终于得到宪宗的批准。余子俊于是聚集了边军4万多人，于本年闰六月完成了此项工程。边墙东起清水营，西至花马池，全长1770里，用岩石筑成，每2至3里设有敌台岩寨一个，以备巡警。岩寨空处还筑起短墙，一横二斜，犹如箕状，作瞭敌避射之用。一共建有城堡11个，边墩15个，小墩78个，岩寨819个，这就是保存至今的"明长城"，对巩固明边防，起到了巨大的作用。嘉靖以后，朝廷又在宣大、蓟州一带续修了偏东边墙。

河北金山岭长城之敌楼与库房楼

北京司马台长城望京楼、仙女楼

《宋元通鉴纲目》修成

明成化十二年（1476）四月，《宋元通鉴纲目》修成。

明宪宗朱见深认为，自古以来，帝王以文人治理天下，没有不借助于经史的。但史书浩繁，难以尽览，于是命商辂、万安等在重新校订朱熹所著《资治通鉴纲目》的同时，根据其体例，参考宋元两代的长篇、续编等，以陈桱的《通鉴续编》和胡粹中《元史续编》为主要参考书籍，补以宋元史事，编纂《续资治通鉴纲目》，以便与《资治通鉴纲目》相衔接。《宋元通鉴纲目》又名《通

鉴纲目续编》或《续资治通鉴纲目》，全书共 27 卷，专记宋元两代之事，始于宋建隆元年（960），终于元至正二十七年（1367），共计 408 年。由于取材贫乏，叙事舛漏，历来不为学人重视。

重申严禁自宫

明成化十一年（1475）十二月，宪宗重申严禁自宫。

所谓"自宫"，即自行阉割，以求进入宫廷，充作太监。成化以来，自宫以求进用者越来越多，宪宗曾多次下令严禁自宫。但由于这是一条飞黄腾达的捷径，所以一直不能绝迹。成化十一年（1475）十二月，礼部上奏说又有四五百自宫及宫其弟、子、侄的

真觉寺金刚宝座塔。位于北京海滨区白石桥。仿印度佛陀迦耶精舍而建，具有深厚的印度风格。以精美的雕刻艺术著称。塔身遍刻多姿的佛像、花草、鸟兽等图案。

人，宪宗即命锦衣卫加以重杖，然后遣散，并申令以后如有再犯，本人处死，全家则发边充军。其实，此次重申严禁自宫，只禁了一时。至成化十三年三月，自宫以求进用者增加到 900 余人；成化十五年二月，则多达 2000 余人；到成化十六年六月，更达数千人，愈禁愈多，无法禁绝。自宫之事屡禁不止，也从侧面反映了明朝阉宦专权的黑暗现实。

明廷设置西厂

明成化十三年（1477）正月，朝廷设置西厂。

明朝皇帝为加强集权统治，早在永乐十八年（1420）成祖迁都北京时，就设置了一个叫东厂的特务机构，由宦官统领，专门刺探官僚百姓的隐私及"大奸大恶"，使得宦官权力不断扩大，扰民不浅。

　　到成化十三年正月时，宪宗为进一步加强特务统治，又设立了一个西厂，由大太监汪直任提督。汪直趁机陷害忠良，排除异己，用锦衣卫百户韦瑛为心腹，屡兴大狱。汪直每次外出，都是前呼后拥，随从无数，公卿大夫都得绕道回避，三品以上的京官大臣，汪直都可擅自抄家逮问。

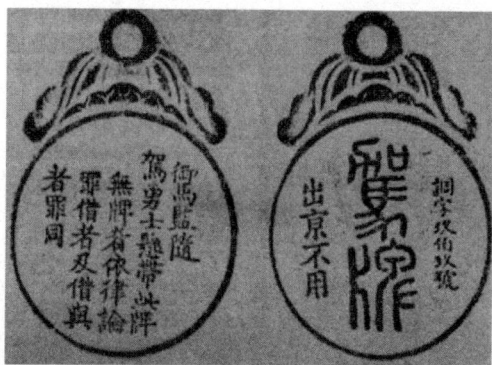

明御马监铜牌拓片

　　本年五月，内阁大学士商辂与万安、刘珝、刘吉联合上奏汪直、韦瑛擅权枉法12条罪状，指责他们专事刑杀，擅作威福，肆虐善良，以致士大夫不安其职，商贾不安于途，庶民不安于业，甚至连驻守边关重镇将官，汪直等竟也随意逮问。更有甚者，皇帝身边的近侍，汪直也随意调换。所以，不去掉汪直，天下就不得安稳。兵部尚书项忠与9位大臣也联名上奏弹劾汪直。

　　因此，尽管宪宗极不情愿，也只好解散西厂，调汪直任御马监。但汪直仍受重用如故，宪宗密令他外出奉敕行事。阿谀之臣，如南京监察御史戴缙等见状，趁机极力讨好汪直和宪宗，借天上灾异之说，提出没了汪直提督西厂，天下反而更加不宁，朝廷大臣并无奇谋良策，所以，还须启用汪直，才能革除弊端，挽回天意。此说正合宪宗心意。

　　宪宗于是在成化十三年（1477）六月十五日下诏恢复西厂，任命锦衣卫副千户吴绶为镇抚。汪直从此更加嚣张，手下缇骑人数超过东厂一倍，势力远在东厂之上。从前弹劾汪直的兵部尚书项忠被革官为民，大学士商辂自知处境艰难，于是请求致仕，告老还乡，宪宗顺水推舟，给予批准。从此，从京师内河到大河南北，西厂的缇骑校尉无所不在，连民间斗鸡骂狗之琐碎小事，也常被牵连重法，弄得民心惶惶，正所谓"顺汪者昌，逆汪者亡"。皇亲国戚也难幸免。到了成化十八年（1782）三月，宪宗以东西二厂不宜并立为由，关闭了西厂。但东厂仍在，厂祸一直未能停息。

西厂提督、太监汪直巡行

明成化年间，由于右副都御史陈钺出巡辽东后，多次捕杀建州卫女真人以求封赏进宫，终于激起辽东骚乱，朝廷只得于成化十四年（1478）三月派兵部左侍郎马文升前往安抚。六月，建州之乱平息。但汪直为将安抚之功归于自己，坚决请求再巡辽东，宪宗准奏。汪直于是带着韦瑛等人飞马前往辽东。陈钺到郊外迎接拜伏于地，以丰盛的筵席和豪华的住所招待汪直，大肆行贿。各边都御史也纷纷仿效，远近骚然。除此之外，因汪直当时势震天下，一些人也冒其名骚扰百姓。同年七月，貌似汪直的江西人杨福，假冒汪直，"巡行"苏州、常州、绍兴、宁波、福州等地。所到之处，众官惶恐，威福大张，到福州时，才被镇守太监卢胜发觉，后被处死。成化十五年（1479）七月，宣府、大同镇巡官虚报边警，以求封赏。其实当时鞑靼内乱，并无意南侵。宪宗不明真相，再次派汪直出巡。当地都御史得知后，偕下属在距镇百里之外伏地迎谒，汪直等过去后才敢起身。到达住所后，都御史都易服请见，唯唯是诺。大小官员们都大肆行贿，边城储蓄用之一空。

成化十五年（1479）十月，宪宗任命汪直为监军、陈钺任参赞军务，征讨建州。此次出兵，不仅诬杀建州贡使60余人，更挖掘墓中髑髅以充首级邀功，结果导致了辽东诸部的报复之举。成化十六年（1480），王越因忌妒陈钺征辽升官得宠，故在未弄明鞑靼是否犯边的情况下，力劝汪直出兵。正月十六日，汪直任监军，王越升提督军务前往征讨。鞑靼毫无防犯。王越支使总兵官朱永率兵向南，到榆林会合，自己与汪直则率兵潜行至威宁海子，掩杀鞑靼老弱病残者400多人，掠掳牛马驼羊无数，径自返回。朱永在榆林处不见人，也只能撤兵。王越因此被封为威宁伯，汪直也增禄至300石，升官者达2900余人。汪直、王越的偷袭，激怒了鞑靼，从此边乱不止，百姓深受其害。

汪直几次出巡出兵，真可谓"汪直巡行，祸国殃民"。

明牙雕发展

牙雕是雕刻工艺的一种。雕刻工艺是指各种材料的小型雕刻，包括人身上佩饰、室内陈设的小摆设、文房用具、日用器皿等。所用的材料有玉、牙、犀角、竹、木等。明代前期工艺大多集中在宫廷，以贵重材料雕刻为主，中期以后民间雕刻工艺大发展，一般材料逐渐取代贵重材料，并出现一些著名的雕刻工艺师。

明象牙雕松荫策信圆笔筒　　明象牙雕荔枝螭纹方盒　　　　明象牙雕观音送子像

在明代，象牙雕，与犀角雕刻艺术一样，已出现新的风尚，即是和竹、木、金、石等雕刻小型器物，当作案几上与文房四宝一起陈设的清玩、珍玩。牙雕艺术品以及其他工艺美术品，当时有官方的手工艺制作，有民间作坊，也有个人手工艺者以及文人中工艺爱好者。他们之间有明显的互相影响。有的文人雅士，把犀、牙、竹、木雕刻作为一种爱好，因而常常出现一些立意清新的作品，在社会上产生很大的影响。

明代比较有名的牙雕作品，有象牙雕送子观音像、象牙雕荔枝螭纹方盒，

皆似民间牙匠所作。象牙雕双龙笔架，则似官方工匠所作，专供皇家所用。又如，象牙雕松荫策信圆笔筒在不同程度上和竹人作品的题材、技法相同。

北京故宫博物院也收藏不少明朝牙雕，有圆雕人像、笔架、笔筒、方盒、双陆等。其中有上面提到的象牙雕荔枝螭纹方盒，最为精彩，盖面雕双螭，四周雕荔枝，均为剔地浅浮雕，精致古雅，装饰性很强。

宫廷画家创作活跃

明代统治阶级在武功文治中，十分重视对书画艺术的控制和利用，虽然没有设立专门机构来管理，却也以举荐、征选的方法网罗职业美术家与匠师，并授以职位。洪武、永乐时称中书舍人、待诏或内供奉，宣德以来授锦衣卫都指挥、指挥、千户、百户、镇抚等，并置于仁智、武英、文华各殿应制供奉。明代宫廷供奉的画家、名手辈出，队伍相当壮大，如洪武时以画山水著名的赵原、盛著、周位，而擅长人物的王仲玉、孙文宗、陈远等，曾为朱元璋传写"御容"。永乐时，边景昭、范暹以花鸟著称，郭纯、卓迪以山水传世。宣德到成化、弘治之际，供奉画家不断增多，如谢环、李在、石锐、周文靖、商喜、倪端以及（浙派）代表人物戴进等，都是多面能手。成化、弘治时林良、吕纪、吕文英、吴伟、王谔，正德时的朱端等等，都是名著一时的代表人物，其他如缪辅、刘节的鱼，刘俊、周全、纪镇、黄济、计盛、胡聪的山水、人物、鞍马，欲偕、宋佐的花鸟，都有相当深厚的艺术功力。

赵原（14世纪），字善长，号丹林，山东莒城人，后居吴（今江苏苏州），洪武中召入宫廷，奉命绘制历代功臣像，擅长山水，笔调清隽秀逸，传世之作有《合溪草堂图》、《溪亭秋色图》。

盛著（生卒年不详），字叔彰，浙江嘉兴人，擅长山水，兼工人物、花鸟，并擅修复和摹制古画，洪武中颇得厚遇，后遭"弃市"酷刑。

边景昭（15世纪），字文进，福建沙县人，永乐初年入宫廷，擅画花鸟，师法宋院体画传统，有不少作品传世。其中《竹鹤图》用笔工整，色彩富丽，墨色勾染合宜。《春禽花木图》以鸟禽花卉群体构图，描绘出一派热闹明朗的春天景致。边景昭的花鸟画与蒋子诚的人物画及赵廉画的虎同被称为"禁

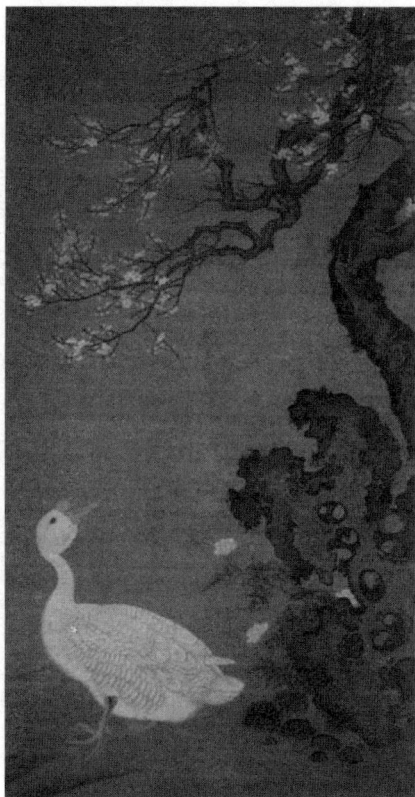

吕纪《狮头鹅图轴》

李在《阔渚晴峰图轴》

中三绝"。

孙隆（15世纪），又作孙龙，字廷振，今江苏常州人，擅长画花鸟虫鱼，传世的有《花鸟草虫图卷》等。

郭纯（14世纪末到15世纪），原名文通，永乐时入宫后赐名纯，浙江永嘉人，擅长画山水，存世《青缘山水图》设色浓郁，布势繁密。

谢环（15世纪），字廷循，浙江永嘉人，永乐、宣德时宫廷画家，传世的《杏园雅集图》描绘当时名臣三杨（士奇、荣、溥）等在杨荣的私园中聚会的情形，是一幅配景写真的行乐图精品。

李在（生卒年不详），字以政，福建莆田人，擅长山水画，传世之作有《琴高乘鲤图》和《归去来辞图》以及《阔渚晴峰图》。

商喜（生卒年不详），宣德时供奉宫廷，传世之作有《明宣宗行乐图》和《关

129

羽擒将图》。

倪端（生卒年不详），宣德时宫廷画家，善画释道人物，传世之作有《聘庞图》。

林良（1436~1487），字以喜，南海（今广东）人，正统、成化年间宫廷画家，擅长画花鸟，传世之作较多，有《山茶白羽图》、《灌木集禽图》、《雄鹰八哥图》以及《双鹰图》等。

吕纪（1477~？），字廷振，号乐愚，今浙江宁波人，弘治间入宫廷供奉，擅长画花鸟，又兼能水墨写意，传世之作有《桂菊山禽图》、《残荷鹰鹭图》、《溪凫图》等。

刘俊（生卒年不详），字廷伟，有传世之作《雪夜访普图》和《刘海戏金蟾图》。

明代宫廷绘画的题材，有人物、佛像、山水、花鸟、走兽、虫鱼等各种画料，较为广泛。人物画主要是历史故事、人物图像、皇帝肖像、行车图、宫廷生活风俗小景以及宗教佛像等画，从各个方面体现了为统治者政治需要服务的宗旨，反映了帝

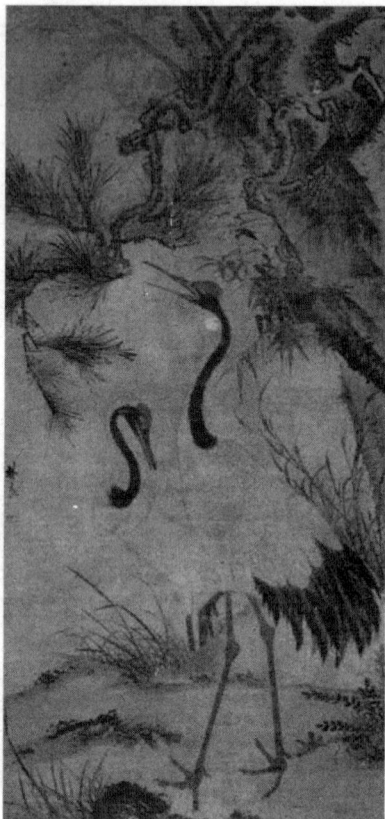

林良《松鹤图轴》

王贵族的宫廷生活；花鸟画题材则有凤、鹤、孔雀、鹰、雁、雉鸡、鸳、凫之类的珍禽异鸟，以示吉祥瑞寿；山林画取法北宋的高文进、郭熙及南宋的李唐、刘松年、马远、夏圭等名家。宫廷画家的绘画风格，在前期除少数继承元人之外，主要来源于两宋画院一体，中期以南宋画风为主。明代的宫廷绘画，特别是以边景昭、林良、吕纪为代表的花鸟画，继承和发展了宋元传统，打破了工笔与写意的刻板分界，为日后写意花鸟画的更大变革奠定了基础。

藏医出现南北学派

14世纪中叶，西藏山南地区帕木竹巴万户长绛丘坚赞（1302？~1364）建立帕竹王朝，开始了对全藏的统治，此后，封建庄园广泛建立，改变了原有的行政管理体制，大大促进了西藏地方经济和文化的繁荣，藏医学术思想也空前活跃，从15世纪开始，藏医南北两大学派开始形成。

在西藏南北各地，《四部医典》均是其学术观点的依据。然而，由于南北地理环境和气候条件等差异，使得医家所持学术思想各不相同，他们各自在《四部医典》的基础上，阐述自己的观点，传播学术思想，并绘制了代表各自风格的医药挂图。

藏医北方学派的创始人为出身于昂仁地方的名医强巴·南杰扎桑（1394~1475）、米尼玛·图瓦顿旦、伦汀·列珠以及他们的子孙都是这一派

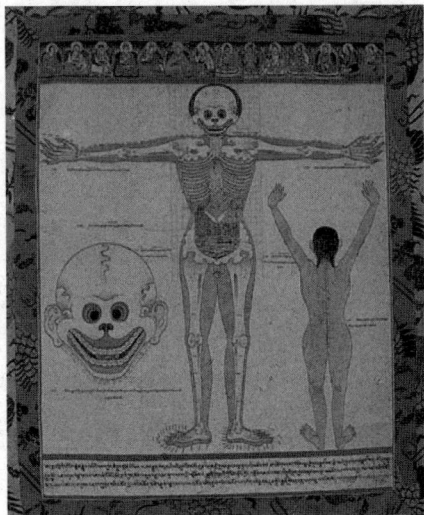

人体的生理和病理。此图用树的根、干、枝、叶形象系统地介绍人体的生理功能和病理变化。

人体骨骼（正面）。藏医认为人体全身骨骼包括牙齿在内共有306块。

131

《藏医养生图》。藏医对养生十分重视。《四部医典·秘诀本集》中专门论述了养生之道，其内容涉及居处、饮食、劳逸，药补和性生活等多方面。图为《四部医典》系列挂图中的"养生方法"之一。

的著名医家。他们的代表著作有强巴·南杰扎桑的《医学八支要义如意宝一百二十章》、《药方秘要·南杰问答录》、《明灯》等，朱尼玛·图瓦顿旦的《四部医典注释》等。

　　他们总结了北方高原地区的临床经验，以擅长使用温热药物、方剂药味较多，精通人体解剖、脏腑结构与针灸、放血、穿刺穴位等操作技术为主要特色，形成了这一派的学术风格，特别是对风湿性疾病的治疗具有丰富的经验。流行于萨迦及阿里地区的藏医上部学派为贡嘎瓦·却给多吉创立，而昌狄学派也是藏医北方学派的支流，其学术思想与北方学派基本相同。

疾病的治疗方法。本图描绘的是藏医治疗大法，包括补法和泻法，隆病(气病)治疗方法，赤巴(火病)治疗方法和培根病(水和土病)治疗方法等。

　　索卡·年姆尼多吉（1439~1475）是出生于塔勃索卡地方的名医，他与坚巴·才布多吉、索卡·洛珠盖布等人相沿成习，在朗县创立了藏医南方学派，其著作包括索卡·年姆尼多吉的《银光宝鉴》、《千万个舍利》、《与南派医生通信集》，索卡·洛珠盖布的《祖先口诀》、《谬见纠生》、《药物总诀真人欢乐歌舞》等。由于南方属于河谷地区，湿地较多，因而他们多使用清鲜药物，方剂药味较少，精通地方草药的鉴别和应用，形成不同于北方学派的学术思想和风格，他们擅长于湿热病的治疗。而由索卡·年姆尼多吉的第二代弟子恰布本钦·多吉帕朗创立的藏医下部学派则是南方学派的支流，其著作为《恰布本钦医学史》。该派的医学著作《祖先口诀》曾受到第五世达赖的称赞，在藏医史上地位很高。

　　藏医南北学派创立以后，鼎立长达200多年，引起了长期的学术争鸣，涌现了许多医家和医学著作，不仅促进了藏医事业的迅速发展，而且极大地丰富了藏传医药学宝库的内容。

明朝

1481 ~ 1490A.D.

1481A.D. 明成化十七年

四月，鞑靼侵宣府。十一月，安南据占城，侵老挝，遣使谕之。

1482A.D. 明成化十八年

三月，罢西厂。四月，哈密酋长罕慎攻复故地，逐土鲁番戍兵。

1483A.D. 明成化十九年

六月，广西平乐等处瑶民起事攻城，旋败散。

七月，小王子犯大同，官兵败；八月遂犯宣府，败还。汪直贬黜。

1484A.D. 明成化二十年

正月，小王子扰大同。名学者胡居仁死。

1485A.D. 明成化二十一年 三月，开纳粟例以赈河南饥。

1486A.D. 明成化二十二年

正月，鞑靼扰临洮。

七月，小王子扰甘州。十一月，占城王古来为安南所逼来奔。

1487A.D. 明成化二十三年

正月，遣官发兵送占城王古来归国。

五月，朵颜等三卫为鞑靼所逼，款塞请避，令在近边地驻牧。

八月宪宗死，太子祐樘即位，是为孝宗敬皇帝。九月，贬逐宪宗诸佞幸。邱濬进《大学衍义补》。

1488A.D. 明孝宗敬皇帝朱祐樘弘治元年

二月，以哈密王罕慎告瓦剌犯边之讯，得以为备，封之为忠顺王。三月，小王子扰兰州，败还。

六月，小王子遣使通贡，自称大元汉。

十一月，僧继晓在宪宗时，淫恣横暴，宪宗死，被逐，至是杀之。

1481A.D.

西班牙异端裁判所在安达露西亚焚死判决为异端者。同年犹太人大举迁徙，离开西班牙。

1484A.D. 丢勒作《自画像》。

1485A.D. 玫瑰战争至此终结。

1487A.D.

葡萄牙航海家巴多罗缪·狄亚士航行到达非洲极南端之地角——好望角。

明宪宗宠信方士僧道

　　成化末年，明宪宗朱见深越来越宠信方士僧道，沉溺于神仙、佛老、声色货利、奇巧淫计。方士李孜省、僧继晓以及和他们串通一气的太监汪直、尚铭等人都被委以重任、加官受赏。奢靡的风气也因此流行，国库一天天空虚。

　　方士李孜省曾是江西布政司吏，因贪赃枉法被罢废为民。当时宪宗爱好方术，李孜省学过五雷法，因此李孜省巴结宦官梁芳、钱义，以符箓受到明宪宗的宠信。成化十五年（1479）四月，明宪宗委任他为太常寺丞。御史杨守随弹劾李孜省，说太常寺丞职司祭祀，应当慎重选人，怎么能用"赃秽罪人"，请求罢免。给事中李俊也同声附和。明宪宗不得已，于是把李孜省改为上林苑副监，但是更为宠幸，并且赐给他两枚印章：一枚刻有"忠贞和直"；一枚刻有"妙悟通微"，还特许他"密封奏请"。李孜省受到宪宗的宠信，乘势和梁芳勾结起来，干乱政事。成化十七年（1481）李孜省又被擢升为右通政，寄俸在通政司，仍掌管上林苑事务，不久，又迁为左通政。当时传奉官增多，方士僧道因此升官的有几千人，其中方士顾玒做了太常寺少卿，方士赵玉芝、凌中也升为太常卿，道士邓常恩也做了太常寺卿，这帮人都和李孜省狼狈为奸。

　　成化二十一年（1485）正月，朝廷官员有不少人指陈传奉官的弊端，还抨击了李孜省、邓常恩等人。明宪宗因看到天象有变，心存疑惧，贬了李孜省的官，还命令吏部斥罢了500多名冗滥官员。天下百姓都拍手称快。然而，到了十月，明宪宗再次擢升李孜省为左通政，李更加作威作福，更借挟鸾术说："江西人赤心报国"，一时间，江西籍致仕后又重被起用的人无数。且李孜省密封推荐，缙绅升降多出于此。又有僧继晓，江夏（今湖北武昌）人，巴结宦官梁芳而受引见，以秘术而得宪宗授为僧录寺左觉义，后晋升右善世，之后又封为通玄翊教广善国师，深受宪宗宠爱。继晓母亲朱氏原为娼家之女，继晓为母亲乞旌，宪宗不经核勘竟一口答应。继晓天天怂恿宪宗做佛事，还在西市建了大永昌寺，逼迁居民几百家，耗费钱财数十万。继晓奸黠弄权，

《明宪宗元宵行乐图卷》。在一派歌舞升平景象的背后，隐藏着明中叶由盛及衰的危机。

又深受宪宗宠信，所奏请之事没有不获准的。成化二十一年李孜省被革，继尧也被革为民。

　　明宪宗一朝，西番僧人受封为法王、大智慧佛、西天佛子、大国师、国师僧师称号的不计其数，封给真人、高士称号的方士道士更是遍地都是。成化二十一年李孜省被罢官时，方士僧道曾败于一时，但随李的复出更变本加利。直至孝宗即位，僧道宠信才尽失。

严禁溺女婴

成化二十一年（1485）四月，鉴于民间溺死女婴的恶习风行，温州训导郑璟申奏朝廷禁溺女婴，宪宗准奏。郑璟奏章说：浙江温州、台州、处州三府的老百姓人家要是生下了女孩子，因为担心女孩子长大成人后要给她备嫁妆，费用大，往往溺死，这种做法残忍不仁、伤生坏俗，请求有关机构张贴榜文，严厉禁止。当时这种现象不仅出现在上述的三府，宁波、绍兴、金华以及江西、福建、直隶等地也时有发生，甚至呈恶性蔓延的趋势。

明宪宗朱见深下诏：人命关天，父子至亲，现在竟然因为婚嫁的破费而将女孩子溺死，实在残忍至极。今后民间婚嫁置办装奁要和家产相称，不许奢侈。再有溺女婴的，一定处以重刑，发配边远地区。诏书一下，民间溺女婴的现象得到了有效的扼制。

太监汪直被贬·废西厂

成化十九年（1483）八月，明宪宗再次把权重一时的太监汪直贬为南京奉御，继成化十八年废西厂、十九年六月贬汪直为南京御马监之后，汪直权势尽失，党羽也从此四散东西。

汪直本来是广西大藤峡的瑶族人，入宫后服侍万贵妃，受宠信而被选为御马监太监。成化十二年（1476），汪直获得宪宗的信任，出外办事。次年正月，宪宗为了把特务机构西厂牢牢地控制在自己的手中，任命汪直总管西厂。汪直权力因而大增，结党营私，诬陷忠良，排斥异己，所造冤案错案无数。兵部尚书项忠、大学士商辂，都遭到过汪直的陷害。汪直还乘外出公干的机会作威作福。成化十五年，汪直巡视大同、宣府，御史、主事都到马前迎拜，其他大小官员更是"在百里之外"设供跪拜，或是重贿汪直的随从。汪直还联络王越、陈钺，威势极大。

成化十七年（1481）五月，明宪宗任命王越为平胡将军，汪直监督军务，率领京营军 1 万到宣府（今河北宣化）防御扰边的鞑靼亦思马因。当时参将吴倳等人已经将鞑靼追逐到了塞外，不料形势急转直下，吴倳兵马反而遭鞑靼人的包围，死伤过半。明宪宗也不过问，仍然命令王越、汪直带兵屯驻宣府。这年冬天，汪直、王越请求班师回京，明宪宗没有批准。当时憎恨汪直的人把陈钺、王越说成是汪直的两把钺（一种兵器）。宫中擅长演滑稽戏的中官阿丑有一天在宪宗面前模仿醉汉互相谩骂，有人喊皇帝驾到了，他照样骂；有人喊汪太监到了，他赶快避开，说：因为现在的人只知有汪太监。他又摹仿汪直的样子，拿着两把钺到皇帝面前，问他什么钺，说是王越和陈钺。宪宗对汪直的事才有所醒悟。

东厂太监尚铭本是汪直推荐的，因捉获大贼被厚赏而得罪汪直，非常害怕汪直会陷害他，于是收集了由汪直泄露出来的秘密奏告宪宗，宪宗从此疏远汪直。汪直也由于在外镇守，渐渐失宠。朝中官员又都乘机对汪直进行弹劾。成化十八年（1482），宪宗下令撤除西厂。成化十九年六月，宪宗把汪直调到南京御马监，八月，再调为南京奉御，党羽王越、戴缙、吴绶等被逐为民，陈钺致仕，汪直权势及党羽尽失。但宪宗始终没有治汪直的罪，汪直后来染病而死。

李俊等弹劾奸佞

成化二十一年（1485）正月，宪宗因为天象异变，担心国家会有什么祸患，下诏群臣指陈时政得失。

吏科给事中李俊上奏：现在的弊政，最大而又急于解决的是皇帝身边的近臣和宠信之人干政，朝廷大臣没有尽到自己的职责，封功行赏太滥，老百姓劳役太重，地方上的进献太多，忠臣都没有重新启用。天象的变化，都是由于这种种原因。此外，内侍的设立，开国之初还有定制，到了现在，内侍人数大增，一监就有几十人，这些内侍分布在各个藩郡，有的甚至掌握边疆军权，他们投机取巧、荐引奸邪、为害不浅，像梁芳、韦兴、陈喜这些人，多得无法计算。因而请求把这些人罢废，在外面公干的一律召回，在宫内管事的也一律省汰。另外，朝廷还有这样一些大臣，他们勾结内臣谋求升官，依靠内臣保住官位，以财换官，结党营私。请求罢免这些不称职的大臣。爵赏应当封给有功德的人，但现在一年就增加了上千名传奉官，几年下来传奉官就会增加几千，这几千人的俸禄，一年就达几十万，这些都是国家的租税，老百姓的血汗，不用来养贤纳才，却用来喂饱奸佞，实在太可惜了。像李孜省、邓常恩这帮人，请求全部罢免，从而使得爵赏不滥行。还有，陕西、河南、山西都发生大旱灾，这些地方土地抛荒，尸骨遍野，请求皇上体察上天仁爱之心，怜悯老百姓的困苦，加以赈抚。皇上如能这样做，则天意可回。继李俊上疏后上疏的，计有给事中卢瑀、秦升、童枙，御史汪奎，员外郎崔升等等60人。

宪宗于是采纳了李俊等人的建议，把李孜省等人贬职，还命令吏部清查冗滥官员，把这些人都罢免不用。一时天下人拍手称快。

但同时，明宪宗对那些大胆进言的朝廷官员也心存疑忌，他密令尹旻将进言的60个人的姓名都写在屏风上，找到适当的借口就把他们贬出京去。后来这些忠直的大臣相继遭到贬斥。

大学士商辂去世

成化二十二年（1486）七月十八日，大学士商辂去世，享年73岁。死后赠为太傅，谥号文毅。

商辂（1414~1486）字弘载，号素庵，浙江淳安人。商辂博览经史，才华横溢，在科举考试中连中三元（即解元、会元、状元）。他出仕后做过修撰，朱祁钰监国的时候，他被选入内阁，参与机务。后来晋升为兵部左侍郎兼左春坊大学士。他和人编成《寰宇通志》一书后，还兼

商辂像

139

任太常寺卿。明英宗复辟，商辂
被人诬陷，打入大牢，削职为民。
成化三年（1467），商辂再度出
仕，从此在宪宗一朝，加官进爵，
官至吏部尚书兼谨身殿大学士。

　　商辂为人正直，宽厚大度，
行事很稳重。他在朝为官，敢于
进谏，善于解决问题，很受文武
百官的敬重。成化十三年，他上
言请革皇庄，赈济灾民，后又弹

明掐丝珐琅双陆棋盘

劾汪直，言语激烈，西厂因此而废。后西厂再立，他力求免官回乡，至成化
二十二年卒。商辂学识渊博，有著作《商文毅疏略》、《商父毅公集》和《蔗
山笔塵》等传世。

肯犀角雕仙人乘搓

万贵妃一家皆贵

　　明宪宗对万贵妃宠幸有加，幸及万家子仆均得官位。一人贵，一家皆贵。
万贵妃4岁入宫为孙太后宫女。因聪明机警，被送至东宫侍奉太子朱见深。

她善于迎合朱见深的意思，很快得到宠爱。

朱见深18岁登上皇位，万氏已经35岁。仍很得宠幸。成化二年（1461），万氏生下了第一位皇子，朱见深大喜，封万氏为贵妃。皇子夭折，万氏也并没有因此失宠，只是更加骄横。宫里妃嫔有身孕，她随时叫她们服药堕胎，她还把后来的明孝宗的生母置于死地。又与奸佞汪直等勾结，横行内庭。她全家主仆都被授官。成化二十一年贵妃之弟万通命家人牟利四方，家人徐达得官百户，万通庶子2岁、养子4岁均得授官。

八股文定型

八股文是明清科举制度所规定的一种应试文体。又称八比文、时文、四书文、制艺、制义等。

八股文源于唐代帖经墨义、宋代经义和元代八比法。明初对科举文体虽有要求，不过写法或偶或散无定规。到了成化年间，经王鏊、谢迁、章懋等人提倡，八股文逐渐形成比较严格的程式，定型下来。此后，一直沿用，由明前期直至清代戊戌变法，达400多年，随着科举制度停止而废除。

八股文要求文章必须有四段对偶排比的文字，共包括八股。全文由破题、承题、起讲、入手、起股、中股、后股、束股、大结等部分组成。"破题"两句，说破题目要义；"承题"用四、五句，承破题之意引申而言；"起讲"开始阐发议论；"入

明代武人盔

手"引入本题，为议论入手处；"起股"用四、五句或八、九句双行文字开始发议论；"中股"是全篇重点，必须尽情发挥；"后股"或推开，或垫衬，振起全篇精神；"束股"回应、提醒全篇而加以收束；"大结"为结束语。

八股文还有其他规定：题目一定要用《四书》、《五经》的原文；内容的阐发必须以朱熹

明弘治年间阴刻绿龙碗

的《四书集注》等程朱学派注释为准，不得擅自生发，独出新论；字数也有规定，如明朝用《五经》义一道，500字；《四书》义一道，300字，超过者即不及格。

八股文严重束缚思想感情，文章寡而无味，但它是所有官私学校的必修课，唯一用途是应付考试，除此外毫无价值。

孝宗即位·逐宪宗佞幸

成化二十三年（1487）八月宪宗朱见深逝世，九月六日，明宪宗第三子朱祐樘即皇帝位，大赦天下，以次年为弘治元年，朱祐樘即明孝宗。

明孝宗即位后，励精图治，首先着手清理朝廷，贬逐宪宗一朝的奸佞。当时有大臣上疏弹劾李孜省和他的党羽邓常恩、赵玉芝交结太监梁芳、外戚万喜等人。成化二十三年九月，孝宗降旨，将梁芳贬为南京少监，万喜降为指挥使，李孜省、邓常恩、赵玉芝等人戍边陕西。十一月，梁芳等人遇大赦，太监蒋琮上言，说梁芳等人罪大恶极，不当赦免，于是又将梁芳等逮捕，打入大牢。梁芳后来死在狱中。李孜省被拷打致死。邓常恩、赵玉芝交结近侍，

罪当斩首，妻子流放二千里。孝宗下诏免死，仍然将他们流放徙边。接着，孝宗又降黜传奉官右通政任杰、侍郎蒯刚、指挥佥事王荣等宪宗一朝的奸佞2000多人。还罢遣禅师、真人等240多人；西番法王、佛子、国师等700多名僧人被遣回本土，还被追夺诰敕、印章以及仪仗等物。僧继尧也被罢为民，次年被斩首。宪宗一朝的奸佞基本被清除。

接着，弘治元年（1488），孝宗禁止朝臣私札请托，损公利己，又命吏兵二部各疏两京、五府、六部、都察院等大小官员的姓名、年籍、历任略节，贴于文华殿壁，以备升迁或去任；大小经筵亦得以重开，一时间，朝纲大振。

两京言官之狱起

弘治二年（1489）大学士刘吉先与御史魏章勾结，诬陷监察御史汤鼐等，掀起言官之狱；又与南京守备太监蒋琮和南京主事陈祖生串谋，陷害言官姜绾，被牵连的有数十人。这就是震惊朝野的两京言官之狱。

弘治元年（1488），监察御史汤鼐、庶吉士邹智、中书舍人吉人，进士李文祥等几次上章弹劾大学士刘吉等人。刘吉怀恨于心，伺机报复。

弘治二年，刘吉和御史魏章勾结起来，诬陷汤鼐等人结党营私，诋毁时政。孝宗得知后大怒，命令将汤鼐等人全部逮捕下狱。刘吉等人还不罢体，妄图将汤鼐等人置于死地。幸亏吏部尚书王恕、刑部尚书何

财神。年节前供奉财神，据说来年可以招财进宝，发家致富，所以不少人家皆有奉财神之举，相沿成习。

143

乔新、侍郎彭韶鼎力相救，汤鼐等才免于一死。汤鼐被发配戍边，吉人削籍，邹智、李文祥等人都被贬谪。接着，刘吉又勾结南京守备太监蒋琮等，搜罗伪证，弹劾南京监察御史姜绾。此前蒋琮在南京大肆掠夺民田，老百姓失去田地后还要承担岁额租课，怨声载道。于是，姜绾列举了十大罪状，上章弹劾蒋琮。恰好南京宦官陈祖生违反规定，开垦后湖的田地，南京言官也上章弹劾陈祖生的违法行为。这促成了蒋琮、陈祖生勾结起来，又和刘吉串谋，共同陷害南京言官。

弘治三年，明孝宗听信蒋琮的谗言，将姜绾等几十人逮捕下狱。许多正直官员纷纷进言为他们辩解，但孝宗偏信刘吉等奸佞。两京言官之狱中，遭贬谪、被下狱的言官为数可观，霎时间，两京台署为之一空，朝野震惊。

州县预备仓积粮

弘治三年（1490），孝宗应南京给事中罗鉴之请，下令全国各州县设置预用粮仓，依照州县的大小，按不同数量储积粮食，并立项作为官夷考核的内容。

原则规定：凡是方圆 10 里以上的州县，积粮 15000 石，20 里以下的，积粮 25000 石，50 里以下的，积粮 30000 石，100 里以下的，积粮 50000 石，200 里以下的，积粮 70000 石，300 里以下的，积粮 9000。石，400 里以下的，积粮 110000 石，依此类推，每增加 100 里左右，积粮都增加 20000 石。还规定千户积粮 5000 石，百户积粮 300 石。考满 3 年时，以积粮的多少作为衡量官吏的标准：积粮达到要求的，算称职；超额的表彰或升官；达不到 3/10 的，罚除官俸；达不到 6/10 的，会受到贬谪。这种硬性规定，是明孝宗整饬吏治以及赈济荒歉的重要措施。

制定四夷馆翻译考选法

弘治三年（1490），大学士刘吉等人奏请选拔监生及官民子弟到四夷馆学习翻译，并设立考选规制，得到孝宗认可，四夷馆翻译考选法从此确立。

四夷馆翻译考选法具体为选拔 25 岁以下的监生 20 名，20 岁以下熟悉翻译的官民家子弟 100 名，送到翰林院四夷馆学习少数民族语言。3 年以后，翰林院和礼部联合考试，考中的划为食粮子弟，每月供给米一石。6 年以后，考中优等的赐给冠带，封为译字官。9 年后考中优等的，授给序班的官位。如果初试，二试都不中，还可以三试，三试再不中就罢黜为民。另外，监生刚入馆的，允许他们坐监食粮，3 年后考中，每月供米一石，6 年后考中，赐给冠带，9 年后考中，授给八品的官职。如果三试都不中，仍然送回本监，另外录用。监生中有兼习举业的，不精通本业，也不许参加会试，这样可以使他们定下心来，专心学习翻译。

四夷馆下属 8 馆人员具体分配为鞑靼馆监生 5 名，子弟 25 名；女真馆监生 4 名，子弟 18 名；西番馆监生 2 名，子弟 15 名；西天馆监生 1 名，子弟 2 名；回回馆监生 2 名，子弟 10 名；百夷馆监生 2 名，子弟 14 名；高昌馆、缅甸馆各有监生 2 名，子弟 8 名。

四夷馆翻译考选法的确立，说明明弘治年间中国与其他国家的邦交日益密切，而且这种交往得到朝廷的相当重视。

铜活字印刷流行

15 世纪末 16 世纪初，铜活字印刷在中国南方一带开始流行。

宋代庆历年间（1041~1048）毕昇首创的泥活字印刷术是我国的四大发明之一，享誉世界。以后，又出现用木、锡制成的活字版印刷书籍。明代，铜活字印刷比较普遍地应用。无锡华氏、安氏两家的铜活字印书最有名。华燧会通馆是明代铜活字印书数量最多的一家。明弘治三年（1490），华燧（1439~1513）首次用铜活字印成《会通馆印正宋诸臣文集》50 册，后又印行《锦绣万花谷》、《百川学海》、《古今合璧事类前集》、《会通馆集九经韵览》等书，保存了不少古籍。华燧的叔伯和侄儿也精于铜活字印刷，先后印行《陆放翁集》、汉代蔡邕，唐代白居易、元稹的诗文集等书。当时苏州、南京、杭州一带，活字印刷盛行，排印的许多是古代的书、集，种类多，数量大，行销各地，为后来藏书家所重视。

铜活字印刷的流行，是继泥活字印刷发明以来在印刷技术上的又一大改进。铜活字印刷是中国印刷技术成熟发展的重要标志，明代活字印刷技术的应用，对我国印刷技术起了积极的促进作用。

陈献章创立江门之学

陈献章（1428~1500），字公甫，别号石斋，广东新会白沙里人，世称白沙先生。明初朱学著名学者吴与弼弟子，曾应召授翰林院检讨，后归家。著有《白沙子全集》。

明代中期，在王阳明心学派崛起之前，陈献章创立的"江门之学"为其发端。

在本体论上陈献章认为"道"（理）是宇宙万物的根本，道和"气"（天地）一样都是"至大"。他提出万事万物万理具于"一心"的观点，不同朱熹的"理"是独立于万物之先的绝对本体。他认为万事万物均是心的创造和充塞，这种观点与陆九渊的"宇宙便是吾心，吾心即是宇宙"的观点相同，而异于朱学。

但陈献章与陆九渊的心学观点仍有不同。他从承认道到承认

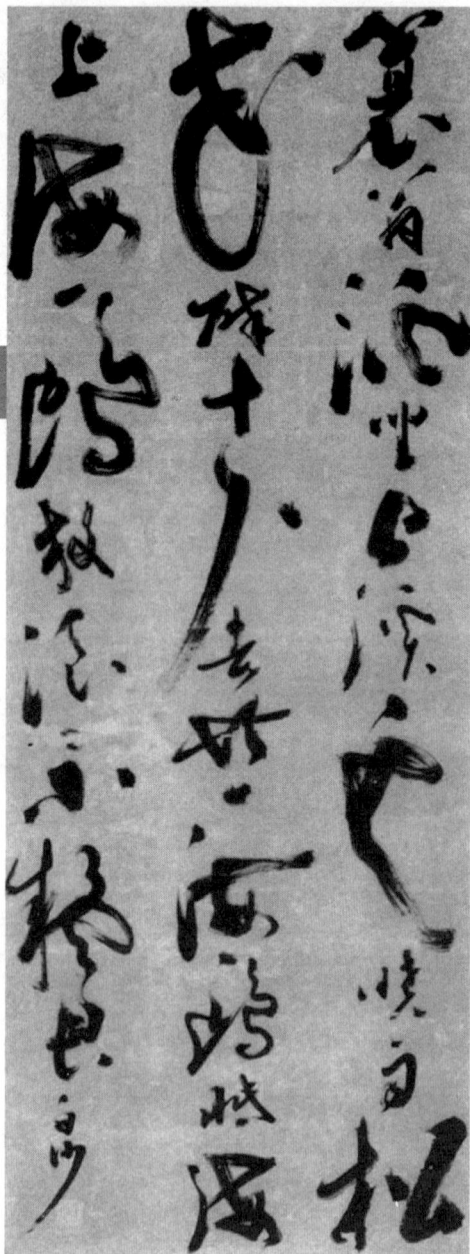

陈献章《七言绝句》

心具理以至心吞噬理有一个认识的逻辑发展过程，而陆的"宇宙便是吾心，吾心即是宇宙"则直截了当；陈认为心的知觉作用是决定万事万物的枢纽，而陆除指心有知觉能力外，还强调心的伦理本性。

陈献章从心本论观点出发提出"以自然为家"的为学宗旨和"为学须从静坐中养出端倪"的心学方法。他的"以自然为宗"意指无任何束缚的、绝对自由自在的精神状态。这一宗旨即要求为学达到将天地、生死、贫富、功利置之度外的毫无约束的"浩然自得"的境界。关于心学方法，他认为从"静坐中养出端倪"终能达到本体的体认。他虽提倡"静坐"为心学方法，但不反对读书，而认为书要为人所用，人不要被书所束缚，有打破经典文献迷信的进步观点。

综观陈献章的"江门之学"有 3 个特点：首先，陈献章提倡"学贵自得"，成为阳明学的发端；其次，他的"以自然为家"的为学宗旨，追求个体意识，有悖于儒家修身以齐家治国平天下的为学宗旨，颇接近禅学；再次，"静坐"的心学方法，比朱学简易，成了由朱学向阳明学的过渡环节。

陈献章的"江门之学"显示了与程朱理学不同的为学宗旨，成为阳明学的思想渊源。他的及门弟子首推湛若水、张诩，从湛若水起，"江门之学"与阳明的"姚江之学"几乎同时，但二者的学术发展前景不太相同，由陈献章创立的"江门之学"由于其传人学术宗旨多变，流传不远，而阳明开创的"姚江之学"则流传百年之久。

潮州音乐发展

潮州音乐是一种古老的综合性器乐合奏乐种，又包括有大锣鼓、小锣鼓、弦诗乐、细乐、庙堂音乐等多种，潮州音乐的渊源，可以追溯到明代，它是宋元南戏在潮州的支脉，即孕育了白字戏的正字戏（以用中州语音得名），存在着密切的交流并行关系。潮州音乐最具特色的乐器是唢呐，潮州二弦，深波（宽边大锣）。此外还有多种管弦乐器和打击乐器，因类别不同而有不同的组合。唢呐分大小两种，音色柔和细腻，是锣鼓乐的主奏乐器，二弦明亮高亢，是弦诗乐的主奏乐器，大锣鼓、小锣鼓在室外广场演奏；源于古乐诗谱的弦诗乐、细乐（独奏或小合奏、包括筝乐），庙堂音乐在室内演奏。大锣鼓宏伟粗犷；小锣鼓欢快活泼；弦诗乐、细乐典雅清丽；庙堂音乐和宗教仪式有关，也吸收民间歌曲。潮州音乐的演奏，规模有大有小，小的三五人也可，多时如锣鼓班在节日或旧日游神赛会时可达百人以上。

潮州音乐中有的和潮剧音乐关系密切。潮剧在明代称潮州戏，潮州音乐受到潮州戏的影响，有的结构十分复杂，传统曲目有《薛刚祭坟》、《关公过五关》等。

潮州音乐流行于广东潮州汕头及其迤东迤北乃至闽南龙岩等地，潮州音乐，是值得珍视的中华音乐文明艺苑中的古老品种之一。

五台山寺庙音乐开始

五台山是我国佛教胜地，有历史悠久的众多古刹，可分为青庙和黄庙两个系统；五台山寺庙音乐也随之可分为青庙和黄庙两个流派。虽然黄庙较青庙为晚，大体始于清初康熙时期，但并不排除其音乐也吸收了古老的因素，佛教音乐历来有与民间音乐相结合的传统。

五台山寺庙音乐的曲名除"赞"、"偈"、"真言"、"咒语"等佛教专用者之外，大多沿用了唐宋大曲、宋代词乐、明清时期民间曲牌乃至近现代民间小曲的名称，如唐代《教坊记》中的"望江南"、"虞美人"，宋代词调"唐多令"、

五台山塔院寺

珠像寺塑壁

"感皇恩"，明代曲牌"山坡羊"、"寄生草"等等。至于原词则已消失，更换上宗教内容的词句，也有的成为器乐曲，沿用唐宋时期曲名的音乐。由于起源缺载，年代久而衍变自然多，难以肯定它们就是唐宋音乐的原貌或根基，但也不能排除仍保留唐宋音乐或多或少因素的可能性。至于从保留明清音乐因素来说，这种可能性就更为广阔了。

　　例如青庙音乐中为民间法事用的《三昼夜本》中，有乐曲《望江南》与《教坊记》所载同名，此调或名《梦江南》，见于敦煌曲子词；又名《忆江南》，见于唐代诗人白居易作品。这一调名在宋代词乐中也仍然保持着，可见流传之久。从词的句式结构看，是三、五、七、七、五，如下所示：

敦煌曲子词《梦江南》
莫攀我 / 攀我太心偏
我是江南临池柳 / 者（这）人折去那人攀
恩爱一时间

白居易《忆江南》
忆江南 / 风景旧曾谙
日出江花红似火 / 春来江水绿如蓝
能不忆江南

五台山青庙音乐《望江南》
东方界 / 甲土木神君 / 今日今时度奉请
降临法会布阴功 / 孝眷保安宁

两湖平原大建垸田

两湖平原即湖北的江汉平原与湖南的洞庭湖平原，是长江中游地区的两大冲积泛滥平原，土地肥沃，水乡沼泽地区广布。这里绝大部分地区的地面高于水面，都在江、湖、河的洪枯水位之间，一到汛期常低于河湖水位。为了开发利用这里肥沃的土地资源，早在宋代人们就开始筑堤围垦，称之为垸田。

到明代两湖平原垸田迅速发展，明中期已有"湖广熟，天下足"的民谚，可见垸田开垦之盛。清代垸田修建大量增加，清末垸田面积已近500万亩，而且兴修不少排涝抗旱的水利工程，保证垸田旱涝保收，稳定高产。

垸田周围都筑有堤坝，最长有数十里，最短也有十余里，作用是阻挡洪水淹没垸里农田，还利用垸内自然河汊加以疏浚形成排灌渠道。大垸大多修建了主干分支两级渠条以及进水排水涵闸，沟通垸内渠道与垸外水系的联系，排灌系统较为完善。一座垸田建涵闸的多少，视垸田的面积与其地形、外河水文条件而定。

如白莒垸建有柳口、黄才到两个总闸，各宽8尺，还有13个分闸各宽2尺。

每到江湖河汛期，垸外水位高于垸内农田地面，就关闸防止洪水倒灌；等到垸外河湖水位下降，低于垸内河渠水位时，就开闸自流排涝。如遇天旱缺水或其他需水情况，又可利用外高内低的有利条件，开闸引水灌溉。

垸田里的土地根据地势高低大致分为四种类型：地势最高的为旱地，其次为稻田、荒沙湖田和湖底水田。其中旱地、稻田可以稳定保收，而且由于实行轮作复种制，土地利用率提高了，土壤也得到改良。

垸田及其排灌工程的大量兴建，大大促进了两湖平原的开垦与利用，同时又为土地利用的合理化和发展多种经营提供了保障，使两湖平原渐渐成为号称"鱼米之乡"的江南富庶之地。

罗教流行

罗教又名罗道、罗祖教，是明清两代流传较广、支派繁盛、影响深远的大型民间宗教，始创人是山东莱州即墨人罗梦鸿（1442~1527），又名罗清、罗静、罗英、罗梦浩、罗杰空、罗怀等，教徒皆尊称为罗祖，成化六年（1471）出家，苦修十三年，成化十八年（1483）正式创罗教，罗教形成的标志是罗清著经卷五部六册，即《苦功悟道卷》、《叹世无为卷》、《破邪显证钥匙卷》（上、下册）《正信除疑自在卷》、《巍巍不动泰山深根结果宝卷》，五部六册主要受佛教影响。

罗教奉达摩为正宗，尊崇六祖慧能，主张"三教共成一理"，"不住斋，不住戒，逢世救劫，因时变迁"（《苦功悟道》卷一），不供佛像，不烧香，不作道场，不设经堂，颇有禅宗宗风。罗教教义，采用了佛教的性空说，着重阐发真空之义。罗氏发挥佛教空论，把世上一切事物，包括佛祖菩萨，统统都否定了，只承认一个绝对的永劫不坏的真空，它是宇宙的根本，它变化出天地日月，山河大地，五谷禾苗，乃至三千诸佛，所以真空法乃是罗教的哲学基石。罗氏同时又提出"本分家乡"（即后来的真空家乡）和"无生父母"的观点，从此民间宗教形成"无生父母，真空家乡"的八字真诀。

罗教教义同时也受到道家和道教的影响，并从中吸收了"无极"、"无为"等观念，用老子的"天下万物生于无，有生于无"的观点解释宇宙万物的来源。罗教认为以往佛道儒三教的一切修持方法皆是有为法，都应在扫除之列，只有无为妙法——摈弃一切欲念追求，才能真正使人摆脱现实苦难，返本还原，了悟大道，所以罗道又被称为无极教、无为教，罗梦鸿又被尊为无为祖、无为居士、无为宗师。

罗教正式形成以后，在教义和活动上都表现出了极大的独立性和异端性，受到正统佛教人士德清、密藏等人的攻击，也受到政府的严厉禁断和镇压，经卷被烧毁，活动被取缔，一直处在左道旁门的邪教位置上。

罗代的第二代分成两大支派——无为教和大乘教，其中大乘教又有东西之分。无为教才是罗教的正宗。